LO IMPENSABLE

EL CURIOSO CASO DE LIBERALES
MUTANDO AL FASCISMO

JOSÉ BENEGAS

A todos aquellos que se resisten a ser reprogramados.

INDICE

1 INTRODUCCIÓN

Hace tiempo aparecieron en las redes sociales unas manifestaciones muy particulares de "liberalismo", al que llamaban "paleo", es decir, troglodita. Estaba la dieta paleo para adelgazar y este otro producto. En las redes ocurren todo tipo de vicios del debate y posturas falaces. Uno de los fenómenos molestos son unos que hacen como de *gremlings* invitando a la pelea por alguna idea que no les gusta, ensuciando la discusión con calificativos o "enmendando la plana" (esto último es bastante común). Estos "paleos" tenían todo junto, pero se presentaban, de la misma manera que una larga lista de antecesores, como los "verdaderos libertarios", porque, aparentemente, no transaban en nada.

Entonces alguna vez comenté en Facebook que los gendarmes que reclamaban por sus bajos sueldos en la Argentina tenían razón. Ahí saltó uno de estos *gremlins* desconocidos a tratarme de socialista, porque la genarmería no debería existir, con un aire de autoridad y superación bien irritante. Nos comunicábamos vía internet gracias a dos empresas altamente reguladas por el estado: la de cable y la de electricidad. Buena parte de los bienes a través de los cuales hacíamos la comunicación estaban en manos del estado también. Pero este individuo no se sentía la reencarnación de Carlos Marx por eso.

Vi varias de estas discusiones absurdas en nombre de ser "verdaderos libertarios" y lo que pensé no fue que estaba tratando con gente que extremara la idea de la libertad, sino que querían presentarla como absurda o imposible. Como cuando los marxistas dicen que la libertad como la definimos no existe, lo que quiere decir que mejor resignémonos a tenerlos a ellos como amos. Porque los argumentos a favor de su posición no eran sólidos, siempre discutían con liberales (o "libertarios", ya aclararé eso), nunca con socialistas y su propósito, además, parecía ser deslegitimar al interlocutor por el hecho de que vivimos en condiciones en las que tenemos que aceptar estar por fuera de las reglas éticas que quisiéramos tener. Es decir, usamos la calle pública, pagamos los impuestos que consideramos injustos (ninguno lo es), aceptamos sacar el pasaporte para viajar fuera del país y llevar una identificación provista por el Gran Hermano. Todo esto, además, se lo expuse a este "paleo" para mostrarle que él también debía aceptar las mismas cosas, no para compartir el mundo de los "transgresores", sino para matar su platonismo. No es que tenía un problema de conducta, como esperaba convencerme de que yo tenía, sino teórico. El liberalismo no es un cielo, una idea pura a la que se debe responder todo el tiempo para ser inmaculado. El hombre ha vivido en sociedades, grupos y formas de organización que han aplastado al individuo y el liberalismo dice: salgamos de eso. Los liberales son los que quieren el cambio, no los que no cruzan la calle porque es pública. La argucia de que esto último es una forma de hocicar, está dirigida a sembrar una culpa o invitar al cinismo, luego del cual cualquier porquería se puede comprar.

La impermeabilidad para recibir el argumento de que todos vivimos bajo reglas que no queremos y que no es cuestión de compararnos a nosotros con lo que aceptamos, sino de comparar a la sociedad y sus reglas con lo que pensamos. El liberalismo no es un método para llevar a la salvación de los liberales, pero aquí el planteo me parecía religioso.

Como un año después de eso los "paleos" eran los partidarios de Donald Trump, un xénofobo con un grado de racismo, nacionalista y enemigo de la globalización de la misma manera que lo era la ultra izquierda a principio de siglo. Un enemigo, básicamente, del comercio. Eran seguidores de él y de toda la moda nacionalista que crecía en Europa y en América Latina. Los que me decían que no podía aceptar el pago a la policía iban atrás de toda esa agenda antiliberal. Pero no, entonces lo que decían era que yo no era capaz de ver al verdadero Donald Trump, porque me dejaba llevar por la propaganda de la prensa y por Hillary Clinton, porque Trump era la reencarnación misma de Mises y nada más estaba haciendo campaña. Esta argucia convenció a muchísima gente que antes era liberal, para mi sorpresa.

En una tercera etapa, no demasiado lejana en el tiempo, no es que Donald Trump tenía un plan secreto ultra liberal, porque era evidente después de asumir que siempre fue lo mismo y jamás mintió, desgraciadamente, sino que en realidad todo lo que proponía estaba bien: el nacionalismo era la expresión del "derecho de propiedad" del estado sobre el país (mismo argumento que en mi juventud usaban los nacionalistas católicos, acérrimos enemigos del liberalismo, intentando refutarlo), el racismo era una derivación de la "libertad de expresión", y la apelación a la religión como inspiradora de la ley y del estado (es decir, como totalitarismo), era la "cultura" de Occidente (palabra que estaba durmiendo en los cajones cerrados en la década del setenta). La cultura de "Occidente" era, además, el antídoto contra la "invasión musulmana".

Toda esta historia parecía ya un chiste, pero no lo era. De "no se puede pagar a la policía", a los dogmas nacional socialistas, adosados a una campaña moralizante del nacionalismo católico en la Argentina, que ahora se llamaba "conservadurismo". A ver, los primeros enemigos de los conservadores en la Argentina fueron los nacionalistas católicos, padres del peronismo, de la Iglesia militante que creó a los terroristas montoneros, de los

Montoneros mismos y de los que pusieron las reglas de la represión ilegal contra ellos.

Así que mi sospecha inicial en cuanto a que el "liberalismo paleo" escondía otra cosa se encontraba confirmada. Desde entonces todos los esfuerzos de ese sector conducen a disfrazar las mismas consignas antiliberales de ese nacionalismo católico y del falangismo en España, porque todos tienen contactos, como "pensamiento conservador" y "verdadero antídoto contra el marxismo". Para ese fascismo el liberalismo siempre ha sido "marxismo", porque no tienen idea de lo que esa palabra quiere decir y, de hecho, se parecen mucho a los marxistas, sobre todo en sus métodos y su apelación permanente a las teorías conspirativas. La libertad es, para los creyentes, la mayor amenaza. La libertad ajena, sobre todo, es para ellos como un testigo molesto de lo sometidos que están. Ahora bien, para los liberales, el fascismo siempre ha sido de izquierda.

Esta corriente de defensa de todas manifestaciones colectivistas de nacionalismo y de doctrina católica como programa político, es decir como totalitarismo, se extendió por todos los ambientes liberales conocidos. Siempre con la actitud de aquel piojo *gremlin* del principio: prepotencia, superioridad moral, desprecio y denigración del liberalismo como "marxismo". Acá apareció esta otra falacia, que con estos integristas adquiere un significado más claro: el "marxismo cultural".

De repente el liberalismo, para una cantidad sorprendente de incautos y, por supuesto para estos militantes metidos por todos lados, no tenía nada que ver con la tolerancia, con el respeto por el proyecto de cada persona, con la comprensión de los individuos que eligen unos comportamientos diferentes a nosotros, que el derecho civil no tenga fines colectivos, ni siquiera con el libre comercio o la libertad migratoria, que no es otra cosa que libertad contractual. No, todo eso era "marxismo cultural". Lo único no marxista cultural era vivir bajo los preceptos de una monja fascista. Para los demás, desprecio, tratamiento denigratorio y muchos, pero muchos, trolls.

Me acordé todo este tiempo de los experimentos sociales realizados en los cincuenta. Sobre todo el experimento de Salomon Ash, el de Stanley Milgram y el de Ron Jones, que inspiró a la película *La Ola*. Era tan antinatural que los liberales estuvieran en esas posturas, que la explicación del fenómeno no podía estar únicamente en la confusión de ideas, sino en una andanada impactante de manipulación social.

Encima en Argentina veníamos de pasar por el kirchnerismo, otra modalidad de fascismo con folklore marxista, que es casi lo único que queda del marxismo como teoría. Ahí todos esos métodos de manipulación se habían puesto en práctica y la sociedad se rindió a sus pies con una velocidad asombrosa.

En el experimento de Ash un individuo era puesto dentro de un grupo en el que todos eran cómplices de la investigación. Se les mostraba unas diapositivas con una línea a la izquierda y tres líneas a la derecha. Los participantes debían contestar cuál de las líneas de la derecha tenían la misma extensión que la de la izquierda. Las diferencias eran apreciables a simple vista. Los cómplices de Ash daban a propósito una respuesta evidentemente incorrecta y quien era objeto de la observación se veía contrariado, pero terminaba por adosarse a la respuesta incorrecta y, a medida en que el experimento se repetía, se sentía más cómodo con lo que no era otra cosa que una renuncia a su propia percepción para adaptarse a la percepción del grupo. Que ni siquiera eran sus amigos o la gente que tenía de "amigos" en redes sociales que ni existían. Eran perfectos desconocidos.

Había una diferencia cuando el experimento se hacía de un modo tal que uno de los cómplices contestaba correctamente. Ahí la "víctima" encontraba a veces el valor de ser fiel a lo que veía.

Milgram estudió los mecanismos de obediencia. En ese caso la "víctima" era un sujeto al que le decían que harían algo para estudiar el efecto que el dolor físico podía tener en el aprendizaje. Que le tocaría a él manejar un aparato que propinaba una graduación de descargas eléctricas sobre otro cada vez que contestara mal unas preguntas y que la intensidad iría aumentando con cada error. Sin embargo la persona que recibiría supuestamente la electricidad era un cómplice que no recibía electricidad alguna, sino que simulaba con quejas y gritos. Detrás del que supuestamente lo electrocutaba estaba un señor con un delantal blanco alentándolo a seguir, a pesar de sus dudas ante el aparente sufrimiento del actor, con mensajes como "esperamos que usted cumpla con lo que le decimos". El resultado del experimento fue que el 67% de las personas se mostraron dispuestas a propinar descargas eléctricas que hubieran matado a la persona.

El caso de la película *La Ola* es más conocido. Un profesor que quiso mostrar a sus alumnos que el fascismo podía crecer en cualquier lado, incluso entre ellos (hasta entre liberales, agrego). Simplemente creó un "partido" llamado *La Ola* entre los alumnos, le creó un símbolo, un uniforme y fue suficiente para que se creyeran superiores a los que no estaban dentro y empezaran a construir una dinámica de segregación, alineación, colectivización y pérdida de la consciencia individual, llegando a casos de violencia.

Hay otra característica de este movimiento que es singular, que es el "malismo". Hace muchos años que hablo de la corriente opuesta que es el "buenismo", una manía manipulatoria de sostener siempre lo que haga aparecer al que habla como "bueno". Si hablamos de ballenas, son los defensores de Willie, si alguien no sabe dónde dejar a sus hijos, abogan por guarderías gratuitas.

Son como unos redactores permanentes de peticiones "lindas" de Change.org, aunque no sabremos cómo se comportan en sus casas, pero no tienen en cuenta costos o a quién podrían perjudicar, porque el premio es quedar como compasivos ¿Los colegios deben regalar galletitas a los alumnos? Contestarán que sí ¿Las empresas deben duplicarle el sueldo a sus empleados todos los meses? Contestarán que sí. Las limitaciones ni existen, total siempre está el cuero de otro puesto a la parrilla.

Contra eso ésta corriente se ha subido al "malismo" que es la misma estupidez, pero de sentido contrario. Hacen gala de la defensa de cuanto villano aparezca con este tufillo. Así, la manada va atrás de las alabanzas de Vladimir Putin, porque alguien dijo que era un "héroe defensor de Occidente", un sujeto que pone en peligro seriamente la seguridad y la libertad en nuestra propia región, siendo uno de los principales apoyos de Nicolás Maduro. Uno de esos monigotes malistas me quiso explicar que en realidad yo no entendía nada, porque son así, han visto la serie House of Cards y se creen el estereotipo de Maquiavelo redivivo. En realidad, me dijo, Putin lo hacía por cuestiones "geopolíticas". Les gusta lo que tiene Trump de villano y lo festejan, hacen manifestaciones racistas en las redes y se comportan ellos mismos como villanos. Sienten como una seguridad de ser malos en patota, en grupo y se validan entre sí. No se me ocurre una "cultura" grupal más opuesta a los principios de la libertad.

Imaginemos esas situaciones con las redes sociales actuales, donde todo el mundo está expuesto a todos y lo fácil que podría resultar llevar a cabo una campaña de conformidad con ideas que previamente pudieran resultar inaceptables. Eso es lo que creo que ocurrió en estos dos años con fascistas disfrazados de liberales y con mucha gente que se sube a *La Ola* nacionalista y la "restauración de la cultura Occidental". Ahora los grupos políticos, que conocen todos esos mecanismos, directamente se organizan para aprovecharlos.

Si el lector ha pasado por esto o lo ha visto, lo podrá reconocer.

Armando Ribas escribió un libro importantísimo, mucho antes de que esto comenzara, allá por los noventa. Se llama *"Quién es Occidente"* y es la perfecta desmentida a las falacias de que tenemos que seguir unas normas de comportamiento privado que se resumirían en la moralina de la década del cincuenta. "Occidente", lejos de ser "el mundo libre", es el lugar donde se desarrollaron los dos grandes totalitarismos en el siglo XX, el comunismo y el nacional socialismo. El liberalismo, representado por la tradición inglesa y la revolución norteamericana, fue una rebelión contra el Occidente integrista de la Iglesia Católica y la Edad Media. El Occidente libre es el fin de un proceso de cambio. Proceso que se quiere vender que hay que revertir para preservar la libertad, bajo la argucia de que solo aquél primitivo y antiliberal ambiente en el Occidente de siglos atrás se desarrolló el liberalismo. No es cierto porque ejerció una influencia en todo el mundo y funcionó en todo tipo de países, pero además el liberalismo se desarrolló geográficamente en esta parte del mundo como una reacción contra eso que ahora quiere venderse como la quintaesencia de la libertad.

La única razón por la que el liberalismo como filosofía política estructurada nace en Occidente, pero podría haber aparecido en cualquier lado, es el antiliberalismo de Occidente. Porque el liberalismo es la elaboración del concepto libertad en su sentido negativo, como oposición al poder y su abuso, como independencia individual de la presencia absoluta del estado. Algo que no se podría haber desarrollado, ni hubiera sido necesario, si no fuera en un contexto opuesto, es decir de opresión, abuso, mistificación del poder y ahogo de la individualidad. El liberalismo es la teoría para liberase de eso. Por lo tanto, tiene tanta relación con el "Occidente" tradicional, como la vacuna contra la viruela con la viruela.

No, el liberalismo no necesita una religión, sino libertad religiosa. No necesita nacionalismo, sino individualismo, *common law* y *rule of law*. No necesita tampoco proteccionismo, sino abolirlo. Casi, diría, bastaría con recurrir a la ley de identidad para deshacer el hechizo: el liberalismo es liberal.

Todo integrismo interpreta al liberalismo como relativismo y es importante aclarar que eso no depende de lo que el liberalismo es, sino de esa perspectiva. Si el catolicismo ese militante político, entiende que la sociedad no puede subsistir sin reconocer que esa es la religión "verdadera", la respuesta liberal respecto a que ninguna religión tiene que demostrar o ser verdadera para poder ejercerse libremente, suena a "da todo lo mismo". Aunque en este caso para mí, que no tengo una religión sí da todo lo mismo, en otros no es así. Me puede parecer que un fabricante de tortas que no quiere venderle una a una pareja gay que se va a casar, está en todo su derecho, pero eso no me hace compartir su decisión que, en primer lugar, me parece estúpida, porque vender una torta no es aprobar nada. No estaban comprando su aprobación sino la torta. Meterse con los demás es no ver la paja en el ojo propio y, además, ser gay no es una falta moral. Es decir, tengo una posición tomada sobre el tema y hago un juicio de acuerdo a valores que considero los correctos. Eso no quiere decir que valide el uso de la fuerza contra aquellos que llevan adelante un proyecto moral que se opone al mío.

Lo mismo cabe para esta idea de la corriente, a la que voy a referirme en este trabajo, que habla de un "racismo privado", que es falso, porque es parte de su programa. No es que están unidos por la libertad de ser racista, sino que están unidos como racistas y no hay grupos "paleo" que repudien esa opción y sostengan la contraria. Pero, aunque fuera verdadero, ser racista me parece estúpido y repugnante, para ser sintéticos, pero no creo que alguien deba ser perseguido por el estado por eso. Simplemente hay que cuidarse que los racistas no manejen los resortes del poder y hay que temer cuando están conformes con algún gobierno.

Digamos que acepto a quién vive como *hippie* tocando la guitarra, aunque me parezca una pérdida de tiempo y tolero, sin aceptar, aun rechazándolo, al marxista o al racista que no llegaron al poder y no se organizan para llegar él. Los repudio, pero no tengo por qué llamar a la policía ni impedirles que se relacionen o comercien de acuerdo a sus creencias. Pero no puedo más que considerarme enemigo político de ambos. Ni siquiera digo adversarios, porque en términos de Locke, su propuesta implica un estado de guerra donde los derechos desaparecen. No puedo compartir propósito político alguno con ninguno de los dos. Acepto la homosexualidad, la heterosexualidad, el "poliamor" y hasta que alguien se quiera casar, la pornografía y la prostitución. No acepto el fascismo ni el racismo. Eso no es para nada que me parezca todo lo mismo, sino que me parece que está bien hacer cualquiera de las cosas de la primera lista y mal las de la segunda, pero no concuerdo con impedirlas.

Se trata de otros valores, no de su ausencia. Ahora intentaré explicar por qué estos nacionalistas, xenófobos y racistas, son enemigos de la libertad. Escribo esta línea y me asombro a mí mismo de que sea necesario aclarar esto.

Una aclaración terminológica antes de continuar. Voy a usar de manera indistinta las palabras liberal y libertario. En Estados Unidos se suele aclarar que hay algo llamado "liberalismo clásico", porque la palabra liberalismo se usa para la izquierda. El liberalismo clásico se entiende como tradición de los Estados Unidos y los Padres Fundadores de sostener un gobierno limitado. "Libertario" es la palabra que empezó a usarse a partir de aquél "robo" del término liberal por la izquierda, para no ser confundidos con ellos, pero también tiene una connotación de identificación con el anarcocapitalismo, que propicia la directa abolición del estado. De cualquier manera elijo usar la palabra liberal englobando a todo, porque en mi opinión se trata de una única tradición con distintas vertientes, dentro de las cuales no está, por supuesto, la izquierda fascista. Pero siempre hablamos de la preocupación por la libertad individual y el entendimiento de que la sociedad se desarrolla a través de la interacción libre y la exclusión del uso de la fuerza, salvo con fines defensivos. De manera que, cuando diga liberal o liberatario no se debe interpretar que hago ahí una diferencia, en todo caso me referiré al anarcocapitalismo cuando haga falta señalar una diferencia.

2. LA IZQUIERDA DE HOPPE

Hurgando en los orígenes de este movimiento tan extraño de liberales adquiriendo repentinamente un discurso antiliberal pero sostenido como "auténtico liberalismo", me encuentro con lo que parece ser el documento sagrado de fundación del "paleo-liberalismo". Desde su título ya realiza una división entre los liberales (libertarios en Estados Unidos) "realistas" y los, supongo "irrealistas". Se trata del ensayo de Hans-Herman Hoppe llamado *"A Realistic Libertarianism"*. Ya toparme con ese título me produjo la impresión de que venía una serie de falacias, porque normalmente se nos acusa a los liberales de no ser "realistas" porque lo que decimos que sería lo mejor "no se puede hacer porque no es político". Lo "políticamente posible" se transforma así en la cobertura para todo lo que no se puede justificar. El "irrealismo" cumple una función similar. Pareciera que las cosas pueden ser ciertas pero "irreales" a la vez, porque si el problema fuera que el planteo es incorrecto, pues también sería irreal. Entonces no cabe afirmar la "irrealidad" sino demostrar la incorrección, decir qué es lo que tiene de equivocado.

El escrito de Hoppe arranca por un postulado que muchos comparten y que él declara irrefutable (como los marxistas que declaran a su credo "ciencia"), del que él deriva el derecho de propiedad. Este postulado empieza afirmando que si no hubiera escasez en este mundo, no serían posibles los conflictos humanos:

"If there were no scarcity in the world, human conflicts would be impossible. Interpersonal conflicts are always and everywhere conflicts concerning scarce things. I want to do X with a given thing and you want to do Y with the same thing".

La segunda parte dice que, dado que existe el riesgo de esos conflictos y teniendo en cuenta nuestra capacidad de comunicarnos y argumentar, buscamos normas de comportamiento que permitan evitarlos.

No encuentra otro motivo para tener reglas que ese, porque con derecho de propiedad las disputas directamente, dice, serían "imposibles". Para la perfecta armonía de intereses basta que todos los bienes sean asignados a los individuos en propiedad.

La tercera parte del postulado es que queda por determinar qué bienes son asignados a qué individuo, resultando que el punto de partida es la propiedad que tenemos sobre nuestro propio cuerpo, que solo nosotros y no otras personas podemos controlar. Esa posesión implica también la posesión sobre la propia argumentación.

"...otherwise it would be impossible that any two persons, as the contenders in any property dispute, could ever argue and debate the question whose will is to prevail, since arguing and debating presupposes that both, the proponent and the opponent, have exclusive control over their respective bodies and so come to the correct judgment on their own, without a fight (in a conflict-free form of interaction)".

Por otra parte, para los bienes que únicamente pueden controlarse de manera indirecta (controlando previamente el propio cuerpo), la posesión debe ser adquirida y asignada a la persona que la toma primero o la consigue a través de un trato pacífico de su anterior dueño. Si la propiedad fuera adquirida a otro que no sea su primer apropiador o sus sucesores pacíficos, el conflicto no podría evitarse por normas indudables y permanentes.

Es entonces cuando declara la irrefutabilidad de esa construcción:

"Let me emphasize that I consider this theory as essentially

irrefutable, as a priori true. In my estimation this theory represents one of the greatest — if not the greatest — achievement of social thought. It formulates and codifies the immutable ground rules for all people, everywhere, who wish to live together in peace".

Ahora intentaré refutar lo irrefutable y no precisamente porque no crea en el derecho de propiedad. Soy un firme partidario de él, pero por razones distintas. Las verdades "a priori" son conocidas en la tradición de la Escuela Austríaca. Von Mises considera por ejemplo irrefutable en ese carácter al postulado de la acción: actuamos en función de un beneficio, de otro modo no lo haríamos. Beneficio que puede ser la ayuda a una persona que queremos; nada cambia el hecho de que el motivo de cualquier acción humana puede ser reducido a la verdad de que está motivada por un beneficio. No se requiere que ningún hecho en particular sea verdadero, ninguna premisa, esa afirmación es tan cierta como que dos más dos son cuatro, con independencia de si son manzanas o peras o si tenemos o no manzanas, son nuestras o de nuestro vecino, están maduras o verdes.

Pero esto no sucede para nada con el razonamiento inicial de Hans-Hermann Hoppe. En primer lugar, no todo conflicto humano es consecuencia de la escasez, causado, como afirma, porque uno quiera hacer algo con determinada cosa y otro otra. Hay conflictos de todo tipo fuera de la cuestión de los bienes entre las personas e incluso los habrá una vez que hipotéticamente todos estén asignados. Tenemos razones para sostener la superioridad de la propiedad privada, pero eso no nos ha evitado ni nos evitará, aún lograda la asignación de todos los objetos, continuar teniendo disputas. Conflictos por sentimientos, malos entendidos, envidia, amor, en fin, hay una innumerable gama de cuestiones que nos llevan a enfrentarnos unos a otros que no tienen relación con el reparto de bienes y que subsistirán después de su privatización total. Redactamos contratos entre propietarios para evitar las innumerables disputas que pueden surgir y para achicar esa gama de cuestiones. Conflictos que incluso nos llevarán a tener una visión sesgada acerca de a quién le pertenecen determinados bienes. En la colaboración hay conflictos. La asignación de bienes en propiedad y su traspaso por medios pacíficos, ni siquiera está exenta de muchísimos problemas de interpretación. Además de los conflictos en el terreno familiar, de sucesiones, etc.

Tampoco hay necesidad lógica alguna para que los bienes queden asignados al primer poseedor o que se requiera una cadena de traspasos pacíficos. No es la lógica lo que explica eso sino el conocimiento de la naturaleza humana. No es una verdad *a priori*, sino algo que necesita un conocimiento extra. Ese modo de adquisición y transmisión, es simplemente mejor, más útil, pero de ningún modo el único posible.

Por otro lado, la teoría del mercado se opone a la idea de que le escasez lleva únicamente a tener conflictos. Es todo lo contrario, es el motivo para colaborar, lo que por supuesto no estará exento de problemas. Los socialistas y los que caen en el *dogma Montaigne*, como le llamaba Mises a la idea de que en el intercambio uno gana y otro pierde, son los que creen que escasez es sinónimo de conflicto.

Podríamos decir, para seguir adelante: supongamos que todos los bienes están asignados y que el origen de las posesiones es un primer poseedor y que todas las distribuciones posteriores se hicieron por medio de transferencias pacíficas, entonces no debería haber disputas concernientes a la propiedad, solo a la propiedad ¿Qué se resolvió? No encuentro la utilidad de esa suposición que básicamente dice que si no hay conflictos, no hay conflictos. Lo cierto es que los que pensamos que hay que mantener inviolable la propiedad privada, nos seguiremos encontrando con que la envidia será cosa de todos los días, el deseo de unos de quedarse con lo ajeno subsistirá, seguiremos necesitando saber por qué la envidia debería evitarse y por qué sería mucho mejor respetar la propiedad. Necesitamos saltar al terreno del deber ser con varios elementos más.

Si de tal postulado supuestamente lógico, que en realidad es una alegoría, dependiera la subsistencia de la propiedad, no hubiera sobrevivido un par de generaciones. De hecho subsiste a pesar que al lado de la historia de la propiedad y la justicia mediante las transferencias pacíficas, está la del robo, el error, el engaño y la injusticia. Por otra paarte, encuentro un cierto salto lógico entre la declaración de la primera apropiación como la piedra filosofal del conocimiento social y el recurso a su utilidad para posibilitar la vida sin conflictos. La explicación acerca de que si los "latecomers", es decir los individuos que llegan después del primer poseedor, fueran asignados con la propiedad de éste los conflictos serían permanentes, no deja de ser una cuestión independiente de la justificación en sí de la primera posesión. Si la asignación de la propiedad a los primeros poseedores fuera el establecimiento de la paz perpetua, no habría por qué concebir "latecomers" que pudieran tener un reclamo.

El derecho de propiedad en el aquí y ahora, por otra parte, es más importante que la perfecta justicia histórica, por eso existe aún, porque esta última no es posible de manera prístina. Quiero decir con esto que en su desarrollo como principio no hay meros silogismos, sino una cantidad de malos entendidos, interpretaciones posibles sobre las transacciones y hasta apropiaciones indebidas cuya indagación no se hace porque no resulta económico y por la existencia del costo de oportunidad de no establecer una regla de propiedad a futuro por mantener viva una disputa que reporte menos beneficios que problemas. Por eso existe, desarrollado por la experiencia, el concepto de prescripción adquisitiva, entre otras cosas. Esto es, la adquisición de derechos por el mero paso del tiempo. No se considera que una posesión pacífica por un período largo de tiempo, deba ser revisada por hechos demasiado remotos. Es más importante dar seguridad jurídica a esa posesión. Por eso existen también los arreglos transaccionales en las disputas judiciales o antes de llegar a juicio.

Además, si bien es cierto que las normas tienen entre sus fines evitar conflictos, también buscan facilitar la consecución de objetivos en común, en colaboración, sin conflicto alguno. Los contratos buscan eludir disputas entre partes que colaboran, pero también guiar las acciones en un mismo sentido. Incluso necesitamos normas antes de interactuar con otras personas o independientemente de interactuar.

Justamente es nuestra capacidad de comunicarnos e interactuar lo que hace innecesario o torna improductivo entrar en conflictos por la posesión de bienes que ya tienen dueño. Mejor que los posea quién los posee (el *uti possidetis* romano). Alguien tiene bienes, no hay motivos para discutirlo o los motivos no alcanzan o son caros de conseguir y, al lado de eso, el hecho de esa posesión pacífica hace posible el comercio, con el que se consiguen bienes de consumo mucho más fácil que en una guerra y también se consolida la propiedad privada como sistema. El raciocinio lleva al deber ser, no los hechos en sí mismos.

En algún momento advierto que es irrelevante la lucha por saber de quién es la plantación de bananas, si las puedo comprar. La productividad lograda por el hecho de que el dueño se apropia de los beneficios de su posesión y su acción, me resulta mucho más beneficiosa que el intento de quedarme con su plantación. Esa regla generalizada, me da muchos más frutos que cualquier otra. Es el futuro, no el pasado; la economía, no el mero derecho o las normas, lo que sostienen a la propiedad. Esto ya lo he desarrollado en un trabajo anterior[1], y no es que lo considere irrefutable, solo pienso que es una explicación mejor.

Por la misma razón, sin los incentivos económicos la primera apropiación y la cadena perfecta de sucesiones valdrían muy poco en tanto métodos para evitar conflictos y también valdría muy poco la paz lograda. Sería mejor la lucha permanente por la posesión, que sería la lucha por la supervivencia ¿Cuál es el motivo para no disputar la propiedad por parte del "latecomer"? ¿La justicia universal? La explicación está fuera de la teoría de Hoppe. Nos encontraríamos respecto de otros hombres en una situación parecida la que nos encontramos con los virus: serían ellos o nosotros. La ética de la propiedad tendría un valor meramente estético. Aquél que llega después y no pudo apropiarse de nada (cuestión que para Locke erróneamente es el fin de justificación de la propiedad), no tendría nada que ganar, algo que se desmiente meramente con los inmigrantes que llegan a países extraños sin nada en la mano, a sacar provecho del valor que su trabajo adquiere nada más que porque los demás son dueños de lo que tienen.

La obsesión por encontrar una primera posesión inmaculada, con la que empieza John Locke (discutida en el mismo trabajo citado) y la cadena también inmaculada de transacciones tiene, a mi juicio, mucho de atadura a la religión y a la forma de explicar nuestra vida en la Tierra a partir de una concesión original, dando por sentado que todo debe derivar de una autorización superior. Esa parte en éste postulado ha sido eliminada, pero la argumentación sigue estando fuera del ámbito de los intereses de los individuos actuales.

La realidad de las posesiones y transacciones no es esa, ni se requiere afortunadamente que sea esa, de otro modo

---

[1] Seamos Libres, apuntes para volver a vivir en libertad (Unión Editorial – 2013)

los conflictos no es que desaparecerían como pronostica Hoppe, sino que se harían eternos, por toda la acumulación de pequeñas o grandes injusticias o de interpretaciones posibles acerca de qué cosa ha sido justa e incluso sobre si las sentencias de los jueces lo han sido. En muchas ocasiones, dado que la vida continúa, hay más razones para dejar sentada una asignación de propiedad no del todo prístina, pero tener un punto de partida para colaborar, que prolongar la disputa.

La siguiente suposición del postulado que me parece no demostrada, es la existencia de la "propiedad sobre el propio cuerpo", porque eso depende de una distinción entre el yo y el cuerpo que debería ser, a su vez, justificada. El postulado no es meramente lógico, porque entre otras cosas, depende de que esto sea real, pero tal aseveración se encuentra en un plano metafísico. Por lo menos requiere algún apoyo exterior al razonamiento, lo que hace por sí mismo que no sea un axioma *a priori* independiente de los hechos. Algo como la dualidad cuerpo-alma de Platón, en la que se podrá creer, pero en este caso debiera demostrase para sostener lo que propone Hoppe.

Afortunadamente la justificación de la propiedad es mucho más simple, no requiere una justicia perfecta sino una comprensión de las condiciones de la existencia humana y la libertad individual.

La suposición de que nada más ese *yo* metafísico está en control del cuerpo no sería por sí misma suficiente para lo que se propone. Si vamos a hablar de propiedad, deberíamos separar la posesión del título. De otro modo un ladrón sería el único dueño del objeto robado porque solo él ejerce actos posesorios (mediante el uso de su cuerpo, si aceptamos la dualidad), pero de lo que carece es de derecho, son dos cuestiones separadas. Falta la razón por la que se posee.

En ese sentido la posesión exclusiva del cuerpo no fundamenta el título bajo el cual es de la propiedad de esa "alma" o ese "yo" que voy a dar por sentado al solo efecto de continuar con el análisis para mostrar otros problemas. Habría que encontrar una razón anterior, si se elige esa lógica de la propiedad (que desde mi punto de vista no hace falta para nada). Llega así a la misma vía muerta que llega Locke ¿Cómo demuestra Dios que es el dueño del universo, para que nosotros aceptemos ser sus herederos en común?

El cuerpo nace de la unión del óvulo y el espermatozoide, que podrían ser considerados propiedad de los padres. De hecho, durante la infancia ese cuerpo está bajo el comando de los progenitores. Tendríamos que adentrarnos en otra cuestión también metafísica del nacimiento del "yo", que se hace "dueño" del cuerpo y, tal vez, aceptar el derecho de los padres a reivindicar lo que les pertenece. La mayoría de edad, a partir de la cual se considera que un individuo adquiere la plenitud de sus derechos y autonomía, tendría que ser tratada, desde la perspectiva tan limitada de la propiedad, como un acto de usurpación hecho en nombre del estado, que es quién dicta la legislación civil. Y todavía nos quedaría el problema de quién es el dueño del "yo", en caso de que se acepte que es algo distinto al cuerpo, así que no parece que por este lado haya una solución. Al contrario, nos lleva a una cosificación del cuerpo, lo que por sí mismo presenta otros muchos problemas.

La razón por la que controlo mi cuerpo no es que sea "de mi propiedad", porque no es algo distinto a mí. Poseerse a sí mismo es un absurdo. Si me poseo, no soy yo el poseído ni el que posee o soy ambas cosas a la vez. El cuerpo soy yo y esto creo que sobrevive a la dualidad cuerpo/alma. Se trata de identidad, no de propiedad. El individuo no se justifica, es una irrupción, como lo es la apropiación. Vivo porque vivo, apropiarse es un método de supervivencia y quién se opone a mi forma de supervivencia atenta contra mí vida. Sentado eso, establecemos o no una forma civilizada de convivencia, donde en gran parte mis posesiones valen porque pueden ser objeto del comercio, siendo el comercio, a su vez, una consecuencia de la aceptación de la propiedad.

No hay axioma ni verdad *a priori*, es vivir por uno mismo o morir; o someterse. Los axiomas vienen después.

Lo cierto es que hay dos situaciones no justificadas, una de ellas mística, la otra no necesita justificación o, como creo, es el inicio de la idea de justificación en sí: la primera es la supuesta propiedad común de la Tierra y ,la segunda, la propiedad privada. El punto de partida de Locke, pero también de Hoppe en el fondo y de muchos otros, es que la situación por defecto es el socialismo universal y que, por lo tanto, lo que debe justificarse es la propiedad privada como un desprendimiento de esa regla. La pregunta es ¿por qué hay que justificar la propiedad privada y no la ausencia de propiedad privada? Nadie intenta, porque parece estar supuesto que no es necesario, pero lo es, fundar la supuesta propiedad de todos los seres humanos sobre todo, por defecto. Si le quitamos esa ventaja bíblica al socialismo, que no tiene por qué tener, la propiedad privada quedaría develada como lo que es, la supervivencia en sí de los individuos, la individualidad como proyecto vital. Su reconocimiento pacífico es, en realidad, el principio del concepto de justificación. No es cierto que para fundar la propiedad se necesite denostar la propiedad colectiva, ésta directamente no existe, ni siquiera es concebible. Lo que hay muchas veces es una colectivización forzada o una adquisición de bienes en común, sin violar en este caso la regla de la propiedad privada. Si hubiera una propiedad universal, por otra parte, los socialistas tendrían que explicarnos cómo la justifican, en lugar de quedarse sentados esperando a que los partidarios de la propiedad privada den las razones para lo contrario. La vida es irrupción, jamás hubo un poseedor universal o un colectivo poseedor universal. Toda colectivización es robo.

Es la trampa en la que cae esta argumentación "propietaria" del cuerpo. Vaya, nuestro físico está atado a "nosotros" ¿cómo nos lo van a sacar? Parece ser muy seguro, pero la historia de la tiranía y la arbitrariedad es la del control de otros cuerpos que no somos nosotros. O más precisamente, de otros individuos. No hay obstáculo lógico alguno, por otra parte, a que el "yo" sea dueño nada más que del cuerpo que "habita". Ha existido la esclavitud como "propiedad" de cuerpos ajenos.

A pesar de todo lo dicho esta primera parte del artículo de Hoppe es la que más comparto, porque su intención es fundar una institución que apoyo por otros motivos. No pasa lo mismo con el resto de la argumentación. El disparate viene ahora.

A partir de que Hoppe declara la irrefutabilidad de su postulado podríamos suponer que lo que sigue es una consecuencia de él. Pero no, lo cierto es que ingresa en una gran nebulosa de conceptos para asociar la identidad "libertaria" a "derecha" y la derecha a la supremacía de los varones blancos heterosexuales, como si fuera de un desarrollo lógico además, y sin relación alguna con aquello de la propiedad del propio cuerpo y el fin pacifista de las normas. Incluso contradiciendo eso, como si la paz entre los hombres hubiera desaparecido como objetivo. Veamos.

Hoppe vincula al liberalismo con la "derecha" y entiende derecha como propuesta de desigualdad. Una desigualdad que, según él, tiene base biológica. Niega además la noción de que los hombres nacen iguales. La izquierda es definida por el autor como la defensora de la igualdad biológica y del nacimiento en iguales condiciones.

El realismo libertario, sostiene, consiste en ser de esa derecha, dado que el liberalismo no está del lado de la igualdad.

Realiza aquí una ensalada increíble, porque el único propósito parece ser identificar liberalismo con biologismo político, al mejor estilo nacional socialista, al solo efecto de justificar una adhesión partidaria. A su vez suaviza la izquierda, a la que apenas pone como defensora de la igualdad biológica, cuando en realidad es igualadora de resultados, es decir partidaria del despojo y la violencia en función de su programa moral. Ni siquiera entiende que haya que hacer algunas aclaraciones respecto del término derecha, dado que el fascismo es normalmente puesto en ese lugar, así como el racismo, pero se ve que eso le parece defendible y "libertario", sobre todo en esta época de preeminencia del llamado "alt-right", que he preferido rebautizar alt-wrong, porque no es más que un grupo de trogloditas anti-modernos que levantan la bandera de la pureza cultural, al más fiel estilo romántico del nacional socialismo alemán.

Esta argucia de Hoppe, de un artículo que debería llamarse "por qué abandoné el liberalismo" y dejarse de tanta vuelta para tratar de unir al agua con el aceite, es lo que me hace ratificar el uso de la palabra "liberal", pero no para él. El mismo cuenta que en un punto del debate, cuando era claro que liberalismo estaba siendo usado para la defensa de políticas colectivistas de igualación forzada como la "discriminación positiva", se decidió apartarse del término y usar en cambio al "libertarianismo" como identificación. Hoy el movimiento, de quiebre diría yo, que encabeza Hoppe, me hace querer apartar de la palabra libertario, porque no quiero que se me confunda con gente proclama la superioridad de la raza blanca y de los heterosexuales varones, como llega a decir. Me sorprende mucho que sus colegas del Mises Institute no se hayan diferanciado ni que lo hayan echado, pero bueno, parece que sus ideas tienen gran aceptación allí.

Nunca me sumaría al viraje que propone Hoppe.

Derecha e izquierda:

Dice Hoppe:

"The difference between the Right and the Left, as Paul Gottfried has often noted, is a fundamental disagreement concerning an empirical question. The Right recognizes, as a matter of fact, the existence of individual human differences and diversities and accepts them as natural, whereas the Left denies the existence of such differences and diversities or tries to explain them away and in any case regards them as something unnatural that must be rectified to establish a natural state of human equality"

Para nada coincido con que la diferencia sobre la igualdad entre la izquierda y el liberalismo o entre el socialismo y el liberalismo sea empírica. El liberalismo habla de igualdad jurídica, no se interesa por la igualdad biológica. A su vez, el socialismo no es una teoría de la biología, sino social. La igualdad que postula es la igualdad de resultados y de bienes, con independencia de cualquier criterio de mérito. Socialismo y liberalismo no son ramas o escuelas de biología. El biologismo en cambio, como determinante de los derechos y de la desigualdad, pertenece a la tradición nacional socialista y, sin una pretensión "científica", a las sociedades de castas anteriores al capitalismo.

Por lo tanto, Hoppe se está diferenciando del socialismo y del liberalismo al ponerse del lado del criterio biológico, colectivista, para establecer diferencias. También se está alejando años luz de su idea del derecho de propiedad, nacido según él de la propiedad del alma sobre el cuerpo, dado que biológicamente todas las razas tienen cuerpos, que según dijo son poseídos individualmente. Eso era, hasta hace unos párrafos atrás, el secreto del establecimiento de la paz entre los hombres. Ahora está entrando en un mundo paralelo donde nada de aquello importa y la cuestión es meta-individual, se define a través tal vez de un cuerpo colectivo y un alma colectiva de lo grupos biológicos. Tal parece que, después de establecidos los derechos de propiedad, aparece la biología para arruinarlo todo y echar por tierra el propio punto de partida de Hoppe.

Independientemente de esta burda intencionalidad, el problema de describir posiciones éticas, filosóficas o políticas a través de la división entre "derecha" e "izquierda", es que están lejos de ser términos unívocos, varían de país en país y de tiempo en tiempo. Izquierda es un poco más identificable, pero como dice Diego Trinidad en "La Izquierda eterna…", la derecha ha sido siempre amorfa, abarcando cosas a veces opuestas o, incluso, tendencias que estarían mejor identificadas con la izquierda, como los nacionalismos, producto de la izquierda de la Asamblea Francesa (de la que nace este eje) en su intento por dar sustento a un poder no real. La nación es esa entelequia en la que descansa el poder, dado que ya no está en cabeza de una o varias personas. No solo otorga una frontera física al país, también le da un límite conceptual a la palabra "pueblo". Fascismo y Nacional Socialismo, siempre deberían considerarse a la izquierda del espectro político, pero se les llama "ultra derecha" porque así le han llamado los marxistas. Pero son izquierda tanto por la razón histórica de que era la posición y la afición de esas ideas en la Asamblea Francesa, por los orígenes y vínculos socialistas de esas tradiciones y, sobre todo, por razones conceptuales. Fue, de hecho, una decisión propagandística de los soviéticos quitarse de encima a quiénes competían por el mismo espacio del resentimiento social. Los nacional socialistas, tanto los fascistas como los nazis alemanes, pretendían ser revoluciones no marxsitas, pero eran anti mercado y pro obreras, aceptando las falacias básicas del marxismo. Se olvida que el partido de Hitler era el Partido Nacional Socialista *Obrero* Alemán. La palabra "obrero" no se usa, porque desmiente la identificación que se le ha dado a esa facción en el escenario geométrico confuso de izquierdas y derechas como elitista. En la discusión diaria, "derecha" es algo que tiene que ser aclarado permanentemente, mientras que izquierda es el poder basado en la victimización de una o muchas partes de la sociedad, en relación a la otra, para justificar despojo y limitación de derechos. En ese sentido coincido con el autor en que liberal y de izquierda en general no es compatible, pero dejo a salvo el hecho de la imprecisión de este lenguaje. El problema es que el artículo que crítico, también es de izquierda.

Esto incluso cambia con el tiempo. Por más intentos que se han hecho para identificar a Donald Trump con Ronald Reagan, este último era un partidario del mercado abierto, es más, representó una renovación del Partido Republicano hacia esas ideas. Declaró una amnistía migratoria y fue el promotor de los tratados de libre comercio como el NAFTA. Su influencia, junto con la de Margaret Thacher, produjo el fenómeno de la "globalización" que para este nuevo "libertarianismo realista" son la quintaesencia del mal. Sin embargo, Reagan y Thacher eran considerados de derecha y conservadores, siendo lo opuesto a lo que representa Trump.

Pero no hay confusión con Hoppe, el no adhiere a eso, sino al Trump real. Su explicación actual del ensayo se relaciona directamente con el apoyo al presidente. Y no adhiere porque considere, como nos vendían sus partidarios "libertarios" un año atrás, que tenga una angenda libertaria encubierta esperando su oportunidad de salir a la luz, sino por esto de estar a favor de la desigualdad biológica como determinante de la política.

En el debate político esta dualidad derecha/izquierda es problemática pero es difícil de evitar, porque sencillamente se usa, posiblemente porque siempre esas disputas ocurren a nivel local y en el tiempo presente, con lo que más o menos todo el mundo sabe a qué refieren, sobre todo para la superficialidad general del debate político. Las comparaciones terminan por distorsionarlo todo. En Argentina, por ejemplo, se le ha llamado al peronismo ultra derecha, pero es una gran ensalada como proyecto de poder y abarca desde marxistas a nacionalistas católicos. La derecha original no era colectivista como todos los fascismos, sino partidaria del poder de la corona. Macri a veces es caracterizado como de "centro derecha", pero su programa de gobierno en cualquier aspecto que se considere es de izquierda y él se encarga de aclarar que se identifica con ese apelativo. Lo que pasa es que se lo compara con el peronismo de los Kirchner que se referenciaba en los movimientos revolucionarios marxistas de los setenta.

Si en el debate político todo colectivismo o proyecto victimizante fuera identificado con la izquierda (incluyendo fascismos, proteccionismos, nacionalismos, racismos), el liberalismo podría identificarse por oposición como la ultraderecha. Lo contrario a lo liberal tiene que ser lo colectivista. En esa vereda opuesta estaría también el biologismo jurídico de Hoppe, porque si derecha incluye nacionalismo, populismo, racismo o cualquier clase de "ismo" que desconozca la dimensión individual como la de la acción, la virtud, los derechos (empezando por la propiedad) y la responsabilidad, lo liberal también es lo opuesto a eso. Ni siquiera puede ser considerado "centro".

A través de gruesos saltos lógicos Hoppe evita fundar su conclusión, que es que la libertad depende de la supremacía de los varones blancos heterosexuales, representada por los alt-right, que vendría a ser la resistencia a lo "marxista cultural" ¿Por qué dejarnos pensar que liberalismo se parece a una derecha estilo Ronald Reagan o Margaret Thacher, cuando en realidad lo que quiere que pensemos es que le corresponde estar atrás del actual presidente, de Marine Le Pen o el señor Richard Spencer, con el cuál termina compartiendo eventos en función de los conceptos que expresa en su trabajo sobre un libertarianismo "realista"? ¿Por qué dejar en semejante nebulosa a la "derecha", si aquella a la que quiere pegar al liberalismo es tan concreta? Pues porque es concretamente antiliberal. Eso es lo que torna al ensayo el carácter de completamente deshonesto.

Dado que Hoppe arranca su análisis con la cuestión de la propiedad, hubiera esperado que su división entre derecha e izquierda siguiera ese mismo eje, pero, para mi sorpresa, sentadas aquellas premisas, nos lleva hacia otros terrenos.

Es completamente falso que el liberalismo quiera la desigualdad, sino que no se interesa por la cuestión más allá de proclamar que todo individuo tiene los mismos derechos, por individuo y no por característica personal o grupal alguna. Al liberalismo le interesa la ausencia de agresión, el estado no asigna méritos. Una de las agresiones abominables para el liberalismo es, justamente la segregación racial o la de castas.

La izquierda busca "igualar mediante la ley", el liberalismo que la ley sea igual, aspiración que Hoppe desprecia. No es la igualdad de los individuos en sí lo que funda la igualdad ante la ley. El sentido de "los hombres nacen iguales" de la declaración de independencia de los Estados Unidos y muchos otros documentos, es nada más que afirmar que nadie tiene ganada consideración especial alguna de parte del poder.

Su definición de derecha busca que el liberalismo pueda ser identificado con una casta a la que dice pertenecer. Supongo yo que si dentro de las características sobresalientes de esa casta "biológicamente" mejor está la heterosexualidad, habría que hacer un esfuerzo para tener un certificado de serlo ¿verdad? Sobre todo porque muchas veces la obsesión por el problema de la sexualidad viene acompañada de una cierta inseguridad que se quiere reforzar con sobreactuación.

Su defensa de la desigualdad como valor pretende

fundarse en la naturaleza y la biología, no en la individualidad y ahí es donde desbarranca hacia el colectivismo. Ni la biología ni la naturaleza son fundamento para el uso de la fuerza en el liberalismo, solo lo son para personajes como Menguele y el señor Spencer. Las consideraciones de virtud y responsabilidad únicamente pueden hacerse sobre personas individuales (esa unión de "yo" y cuerpo) y corresponden al mercado, es decir, a otros individuos privados, no a la política.

La ausencia de agresión requiere una "igualdad ante la ley", si es que el poder político existe. Esa igualdad ante la ley no obedece a "biologías" colectivas, sino que es un derivado del valor justicia y la posición que corresponde de los individuos frente al poder, no entre sí. No hay algo en lo que "son" las personas, individual o colectivamente consideradas, que las haga merecedoras de un uso de la fuerza diferente sobre ellas y, la política, algo que entiende cualquier liberal, es el uso de la fuerza colectivizado. Los individuos son únicamente responsables por sus propios actos. Estas ideas sí tienen directa relación con la posibilidad de mantener la paz entre los hombres, que era el problema que el autor consideraba fundante de la propiedad. Si determinada categoría "biológica" implica una responsabilidad o libertad diferente, la deseada armonía universal que Hoppe decía buscar al iniciar el artículo, sería una completa quimera. No hay forma de establecer la paz entre las personas de un modo duradero y estable, si no son tratados como individuos. La igualdad liberal es la individualidad.

No es porque seamos iguales que existe la igualdad ante la ley, es que la "ley" representa la intervención estatal y ésta no puede basarse en otra cosa que en defender a los individuos por igual ante la agresión. Nadie puede iniciar la fuerza, ni los "superiores" o los "inferiores", sea para dar o quitar o reconocer o no libertades, según una caracterización colectivista. Esto es, dicho de otro modo, la igualdad ante la ley. No se ocupa Hoppe de explicar por qué el liberalismo debe dejar de lado la idea de igualdad ante la ley, es simplemente un decreto.

Es cierto que la igualdad más allá de la libertad es por sí misma un valor inútil, tema del que también me he ocupado[2], pero eso no quiere decir que la desigualdad sí sea un valor por sí misma por oposición. En realidad, es completamente indiferente a la hora de establecer derechos, que es el único tema del liberalismo.

Es claro que tampoco está hablando de la forma en que los individuos valoramos a las personas de manera totalmente dispar, que es nuestro derecho. Eso no forma parte de una actividad política sino de elecciones individuales realizadas en el mercado. Está hablando de desigualdad de derechos por razones de la nacionalidad, la raza, el sexo y la sexualidad.

Lo antagónico a la izquierda puede también ser la sociedad de los fueros personales, los títulos de nobleza, las castas o la aristocracia, pero nada de esto puede asociarse a la libertad individual; es igualmente opuesto al liberalismo. La sociedad libre no persigue ni la igualdad ni la desigualdad, sino la libertad, con todo lo que ella iguale o desiguale. El estado no puede agrupar personas de acuerdo a características comunes, para después tratar de manera colectiva a cada grupo. Esto es convertirse en "propietario" de todos los "cuerpos" y confundirlos en conjuntos.

Los individuos privados pueden tratar de manera desigual a quienes quieran, sin ejercer violencia por supuesto, pero no porque la desigualdad sea mejor que la igualdad, sino porque son libres. No hay que recurrir a ninguna señal "natural" que dé validez a esa elección, porque el hecho de que estén acertados o no en sus

---

[2] *10 Ideas Falsas que favorecen al despotismo. Las dictaduras del siglo XXI en las mentes de sus víctimas* (Galileiland, 2015)

diferentes valoraciones, no es la razón por la que deben ser respetados en su elección. La naturaleza ni siquiera provee estándares morales. Ser libre, de más está decir, no es tener razón. En realidad, ni siquiera importa tenerla. La sociedad libre no es mejor porque todos tengan razón, sino porque es el mejor ambiente para usar la razón y procesar los errores, en todo caso. Su éxito no obedece a una élite beneficiada por la falta de socialismo, sino a un orden emergente de la interacción, que no es que hace surgir a "lo mejor en sí", sino a lo mejor para el mercado, en lugar de para unos iluminados que lo saben de antemano o lo derivan del color de piel. Cuando el señor Donald Trump habla de la gente que llega a Estados Unidos desde "los países de porquería", porque él quisiera que llegaran de Noruega, lo hace para discutir legislación, esparciendo el costo de su racismo colectivamente. Pero en sus hoteles no tendrá otra cosa que inmigrantes "indeseados", porque ahí el costo lo paga él, entonces elije lo que más le conviene sin tener en cuenta para nada los criterios colectivos que aplica a la política. En esos hoteles no tiene noruegos, simplemente porque les tendría que pagar más. El racismo lo ejercen *free riders* sobre el estado, no sobre su bolsillo. El mercado en cambio civiliza y moraliza en el sentido correcto.

Lionel Messi es superior como jugador de fútbol, no superior en sí. Es superior en función de lo que el mercado pide; su "superioridad" no existe fuera del mercado ni como concepto. Lo opuesto a la izquierda debería ser algo en lo cual todos puedan decidir lo que quieren y donde lo "mejor" sea el producto de esa elección, no de un criterio externo, mucho menos racial o sexual.

Hoppe también recurre al decreto para poner al liberalismo al lado del integrismo religioso y esa tendencia a prohibir costumbres no "cristianamente" aceptadas, a controlar el uso de drogas o alcohol. Porque para lo único que está esta vaga y poco clara diferenciación geométrica de posturas políticas, es para lo que sigue, meter al liberalismo en la bolsa con todo aquello que siempre se ha considerado antiliberal. Sería mucho mejor que Hoppe se reconociera abandonando el liberalismo, en vez de intentar todas estas argucias supuestamente "realistas".

La sociedad libre para nada necesita que se mantengan las "desigualdades naturales" y el mercado no hace otra cosa que incentivar acciones de equilibrio. No como una consecuencia buscada, ni porque sea en sí mismo bueno, pero es lo que ocurre, porque tampoco es en sí mismo bueno que ocurra lo contrario. Cuando una actividad tiene una alta rentabilidad, otros recursos tienden a invertirse en ella y la lógica consecuencia es que las rentabilidades también tiendan a igualarse. En el proceso migratorio o de comercio, las personas de menos ingresos se dirigen a lugares donde tienen mejores y las mercancías baratas a los lugares donde están más caras. Esto con independencia de las fronteras, también ocurre dentro de los países. Los precios muestran desigualdades y guían la acción hacia una igualación que no es política sino producto del mercado.

Pero la principal trampa que hay en la asociación de ideas que realiza el ensayo, entre liberalismo y derecha, está en que las desigualdades para el primero son hechos y para la segunda en muchos casos son un programa político y ese programa político implica violación de derechos para mantener las desigualdades. Como la igualación es un programa político para la izquierda, la desigualación lo es para esa "derecha". El liberalismo dirá que Juan no tiene por qué ganar lo mismo que Pedro, el tipo de desigualdad con el que Hoppe quiere asociarlo dice que Pedro debe ganar más que Juan. Lo que, además, es siempre una violación de derechos de propiedad.

Una de las características más sobresalientes de la Escuela Austríaca es el uso metodológico del individualismo. Las ciencias sociales jamás deben olvidar que la acción se produce a nivel individual, las ganancias ocurren a nivel individual y las responsabilidades también. Cuando se analizan países o grupos, no se puede olvidar que se trata de agregados, información acumulada de acciones individuales según el criterio del observador, no de órganos con vida propia. Sin embargo, en este ensayo Hoppe se saltea esto por completo, cuando después de hacer una defensa de la desigualdad individual, hace un paso inquietante hacia la desigualdad de los grupos. Es decir, colectivismo analítico. Las personas ahora gozan del favor de las políticas que las "derechas" llevarán a cabo, de acuerdo a dónde son agrupadas. La biología parece ser el eje importante, porque no se anima del todo a decir "raza".

Si los individuos son distintos, los grupos también lo son, por implicación, dice Hoppe. Recordemos que estamos hablando de adherir a un programa político, ahora lo que interesa a este programa político es que los individuos sean tratados según al grupo al que pertenecen, porque estos grupos no son iguales. La gente puede ser agrupada por razas, por edades, por sexos, por gustos musicales. Pero esos grupos no son entidades en sí mismas, sino agregados a los efectos de hacer cualquier tipo de análisis, menos asignar derechos, diferenciar jurídicamente por responsabilidades o libertades. Mucho menos por habilidades o mérito. Afirma directamente que es de izquierda pensar que las personas y, "por ende" los grupos, son mentalmente iguales.

"The empirical claim of the Left, that there exist no significant mental differences between individuals and, by implication, between various groups of people, and that what appear to be such differences are due solely to environmental factors and would disappear if only the environment were equalized is contradicted by all everyday-life experience and mountains of empirical social research".

Ignoro dónde la izquierda dice que no hay diferencias mentales significativas entre individuos. Este es otro sofisma, porque el autor en lugar de sostener que hay diferencias mentales entre individuos y que eso determina una línea de gobierno, es decir, una forma de conducir al estado, porque de eso hablamos y no de consejos para hacer amigos o conseguir pareja, lo pone por oposición a algo que la izquierda se supone que dice, lo que se conoce como "falacia del hombre de paja".

¿Pero qué tiene que ver la capacidad mental o que sea congénita o debida al medio ambiente? Nunca explica qué es lo que es determinante en esa diferenciación a los efectos del propósito del artículo. Nada más propone el carácter biológico de la supremacía racial.

El problema a los efectos del liberalismo, tampoco es la capacidad mental. El mercado es el que determina qué personas son premiadas con qué, y más que una capacidad lo que prevalece es la capacidad para proveer a los demás a menor costo y para entablar vínculos. La política no tiene nada que agrupar.

Al hacer este salto desde los individuos hacia los grupos, cae en una contradicción, porque si lo primero es cierto, los individuos tampoco son iguales dentro de los grupos. En consecuencia, no se puede hacer análisis de grupos, tratando a todos los individuos dentro de él como si fueran iguales. Ese es justo el objetivo del tipo de derecha al que quiere adherir Hoppe. Aunque no se anime a decirlo con claridad, lo que está aceptando aquí es que los blancos sean tratados de una manera, los negros de otra, los hispanos de una manera diferente y también los inmigrantes. Una vez que eso ocurre los individuos dentro de los grupos han sido igualados, lo que según iniciaba el análisis, hacía de ese programa un programa de izquierda. Algo en lo que concuerdo, ese solapado nacional socialismo es de izquierda. Porque lo que es un insulto a la inteligencia de sus lectores es que este señor diga que los grupos "blancos" y "negros" son desiguales, sin consideración de que separados en dos los blancos tampoco los grupos son iguales entre sí. De modo que su eje político es una patraña.

Tenemos aquí a un libertario que se proclama "verdadero" y "realista", sosteniendo un poliglotismo al estilo marxista, promoviendo un sistema de castas racista, escondido en una argumentación sobre otra cuestión.

El ensayo también se refiere a la política de victimización que sigue sistemáticamente la izquierda respecto de todo tipo de grupos desfavorecidos. Coincido en ese reproche. Es algo muy típico del modo de dominio izquierdista. En general existe alguna razón por la que determinadas personas, por cualquier característica, puedan considerarse relegadas o mal tratadas y la izquierda utiliza eso para sus propios fines políticos. Llega a ridiculizar los reclamos porque su fin es propio y político: generar adhesiones y sembrar el resentimiento para esparcir al socialismo como dialéctica general de los conflictos. Así es como reclamos que son justos como la queja por la segregación racial, se transforman en luchas contra el "capitalismo", como depositario de todas las frustraciones. La izquierda asume así el papel de "protectora" de los débiles, que quedarán en la debilidad para que este vínculo no se rompa. El protector, manda. El protector obtiene recursos públicos, cargos y todo tipo de privilegios. Esa politización, a su vez, le genera a los protegidos, convertidos en vasallos, una enemistad respecto de aquellos que no aceptan las premisas del plan político general. Sus desventajas, además, son exageradas porque el propósito es maximizar el conflicto y, en lugar de poner énfasis en los derechos y libertades, propician políticas de "discriminación positiva", que harán de aquel problema, si es real, algo permanente y, si no lo es, lo crearán.

Por lo tanto, es cierto que la izquierda en todo el mundo busca su fuerza en la representación de cualquier clase de víctimas reales o imaginarias. Pero lo que no se ve es cómo con la postura tomada por Hoppe podría reprocharlo. El sugiere, y más adelante afirma, que unos grupos de verdad deben ser excluidos porque son mentalmente inferiores. Si es así son víctimas de gente como Hoppe, porque su "derecha" tiene en su programa de gobierno que esos cuerpos y almas no valen tanto por su menor capacidad biológica. De acuerdo a su postura política se entendería perfectamente que la izquierda actúe de esa manera. Mientras él adhiere a la segregación, la izquierda la utiliza convirtiendo a los segregados en su materia prima para la política. En cambio el liberalismo cortaría el circuito estableciendo libertad plena. Una persona es dueña de mantener sus prejuicios y contratar a quienes quiere, aún con el criterio de Hoppe. Estoy seguro de que una persona con el criterio de Hoppe no es un liberal, pero tampoco hay obligación de serlo, lo importante es que no imponga sus absurdas creencias. El prejuicio se transforma en fascismo cuando es parte de un programa político. Es la misma diferencia que existe ente alguien que da una limosna y un socialista, con la diferencia de que dar una limosna no es en sí mismo un acto deleznable.

Hoppe nos hace otra pequeña trampita aquí. El no identifica el problema de la izquierda con la "discriminación positiva", sino con la discriminación en sí misma. Eso para no hacer ninguna distinción entre la discriminación como acto individual y como acto político, porque lo que quiere es legitimar la supremacía masculina, blanca y heterosexual. Para eso no le alcanzaría con atacar la discriminación positiva, tendría que sostener que la segregación es buena, que es buena para todos, que es parte de la discusión política y que los libertarios tienen que identificarse con los que la propician.

De verdad me asombra como unas argucias de semejante grosor se han extendido tanto en tan poco tiempo por los ambientes liberales, metidas por unos agitadores de tan baja monta, como siempre son los racistas. Es curioso porque la bajeza individual de los racistas, podría servir exactamente para fundar la inferioridad del grupo con el que se identifican.

El tipo de igualdad que descalifica como de izquierda, es nada menos que la de la tradición constitucional nortemericana:

"The Left on the other hand is convinced of the fundamental equality of man, that all men are "created equal".

Por lo tanto, tenemos que concluir, que la revolución norteamericana fue realizada por izquierdistas, con los cuáles los libertarios no deben identificarse. Dice Jefferson en la Declaración de Independencia:

"We hold these truths to be self-evident, that all men are created equal, that they are endowed by their Creator with certain unalienable Rights, that among these are Life, Liberty and the pursuit of Happiness".

El énfasis está puesto en la "creación", porque eso es acorde con el pensamiento religioso. A los efectos constitucionales lo único que significa es que cada individuo tiene las mismas libertades, sin importar sus "capacidades intelectuales" ni cualquier otra cuestión. Esa es la regla de oro del mantenimiento de la paz. Si el problema de la paz está en la piedra fundacional del edificio jurídico de Hoppe, no se entiende cómo piensa que la supremacía grupal podría hacerla sostenible. No sabemos en qué momento el país de aquella declaración de independencia se transformó en el que identifica a Hoppe: uno para ser conducido por varones blancos heterosexuales.

Podemos discutir a Jefferson, por supuesto. Llama la atención simplemente que haya hecho esa cita textual, sin al menos aclarar que su autor no se refería en ese momento a la igualdad de resultados, ni a otra cosa que a la igualdad ante la ley. Pero se entiende, porque Hoppe quiere relativizar esa igualad de la que habla Jefferson y toda la tradición liberal, en función de su propuesta fascista.

Los Padres Fundadores no se desprendieron de su base religiosa de pensamiento. La invocación del nacimiento de individuos iguales, es una desmentida a las desigualdades de nacimiento, por sangre o herencia en el sentido de fueros personales.

La razón por la cual la desigualdad en libertad no es un problema la desarrollo en un libro ya mencionado[3], pero acá hablamos de la desigualdad como programa político. En libertad las diferencias surgen en la interactuación y son debidas a elecciones individuales, no a méritos en sí mismos que tengan que ser cuidados por acciones políticas. En el mercado los procesos por los cuáles unos se enriquecen son independientes de lo que otros eventualmente se empobrezcan o enriquezcan. En el sistema de Hoppe, el mérito de los blancos tendría que actuar en detrimento de quienes no lo son. Todo enriquecimiento en el mercado, implica enriquecimiento de otros. Así como si adelgaza mi vecino yo no engordo, en la economía los bajos salarios de uno no son consecuencia de los altos de otros, que, contrariamente a eso, coadyuvan a mejorar la situación de terceros. Es un enriquecimiento en colaboración, no caído del cielo ni heredado como capacidad neuronal. La capacidad de las jineteras universitarias en el Malecón de La Habana, no juega ningún rol en su suerte, porque no tienen mercado. No es lo que ellas sean en sí mismas, ni su capacidad mental lo que determina sus resultados, sino lo que el mercado quiere, si lo hay y, si no lo hay, el favor del poder. Cuba, dicho sea de paso, como la Unión Soviética, la Alemania

---

[3] *"10 Ideas falsas..."*

Nazi, la Italia de Mussolini, la España de Franco y la Argentina de Perón, fueron conducidas por hombres blancos heterosexuales, hasta donde sabemos. Ningún cubano que llega a las playas de la Florida, adquiere mayor capacidad metal cuando su suerte mejora, se beneficia en realidad de la mejor situación que tienen quienes lo rodean. Por supuesto, no es la capacidad mental lo que hace que ese ambiente sea más enriquecedor, sino la colaboración en el proceso de mercado.

Si hay una discusión entre libertarios y cualquier otra corriente favorable a la libertad humana, es siempre una discusión de derechos y libertades. Si se introduce la biología como fundamento en un debate libertario, es porque se piensa que ésta determina derechos, más si se quiso negar la igualdad de nacimiento. A la izquierda no se le opone la biología, no es que tengan una teoría biológica distinta, se oponen a la libertad. Y no es que Hoppe defienda la libertad, defiende las diferencias biológicas como determinantes de posición frente a la política, porque está hablando de un tipo de libertarianismo biológico que no cree en la igualdad jurídica de nacimiento.

Lo triste de este artículo es que no es honesto. Podría ser lisa y llanamente una crítica al pensamiento liberal y serviría como una declaración para abandonarlo. Lo que es insólito es el atrevimiento de erigirse en el verdadero libertario, sosteniendo todo lo contrario a lo que esa tradición significa. Particularmente me resultó útil su crítica a la democracia en *"Democracy: the God that faild"* y cómo logró identificar el problema de que el gobierno se transforma en algo "común", a diferencia de la monarquía donde el reino es una forma de propiedad del monarca. Ahora sus reflexiones, a la luz de la vuelta que ha dado en este artículo, adquieren otro valor.

El ejemplo que da el autor acerca de cómo funciona la igualdad para la izquierda, que es el del que gana una medalla deportiva por su superioridad física, es muy curioso. Según él para la izquierda, pero no sé según qué izquierdista, esa victoria sería injusta. Sin embargo, lo que hace el deporte, y la sociedad no debe imitar, es poner condiciones iniciales idénticas, para que lo que prevalezca sea la capacidad y habilidad y no otra cosa. El espectáculo del deporte y la diversión de participar, es justo medir eso. Los deportistas se entrenan para estar mejor físicamente que sus oponentes, porque eso es lo válido, eso es el deporte. Son pocos los casos en que las habilidades se igualan y se debe a que la competencia muy despareja tampoco es interesante. Pasa en el golf, por ejemplo, donde se otorga un hándicap, dado que es difícil que los participantes que quieran jugar juntos sean más menos parejos. Pero en la mayoría de los casos como en el fútbol, el lugar donde se compite está determinado por las victorias anteriores. También los equipos se dividen por edades. La igualdad en este caso tampoco es un fin en sí misma y, hasta donde yo sé, derechas e izquierdas están de acuerdo en tales reglas. Lo que Hoppe parece sugerir es la conveniencia de que los altos no sean tratados como los bajos porque sí. Algo que además en el mercado sería inútil. Lo virtuoso allí, como ya dije, tiene que ver con las demandas de las otras personas, no con la virtud por sí misma definida con criterio elitista.

¿Por qué digo que la sociedad no debe imitar eso, como postula la izquierda llamada liberalismo en Estados Unidos, siguiendo a Rawls? Porque el mercado requiere aprovechar las ventajas, no teniendo ninguna utilidad la competencia por sí misma. Si estoy en una isla con un nadador y hay que ir a buscar bananas a la otra isla, la solución racional es dejar qué lo haga, no intentar ni igualarlo, ni mucho menos que alguien lo cargue de peso, para que estemos más parejos. La vida no es un espectáculo ni un juego, está claro que la solución racional es comprarle las bananas, a cambio de cuidarle la ropa. El punto no es si vamos a comer la misma cantidad de bananas, sino si ambos vamos a alimentarnos mejor colaborando en base a las condiciones de hecho o las vamos a desperdiciar con un aparato cobrador de impuestos y autoritario. Por supuesto, si nuestro compañero de isla un día perdiera un brazo, quedando parejo con nosotros en la capacidad de nadar, nuestra situación empeoraría.

Por la misma razón el mercado está lejos de ser la supervivencia del más apto; es en realidad la mejor vía para la supervivencia de cualquiera. No hace falta tener un ejército para conseguir recursos y en lugar de beneficiar la envidia, el provecho se saca del reconocimiento de las habilidades ajenas, no únicamente de las propias. En el deporte interesa encontrar al más apto, como diversión. Es una sublimación de la guerra, cuando el mercado es lo contrario.

Lo cierto es que, contrariamente a lo que dice Hoppe, es de verdad "inmerecido" que un jugador sea más alto que el otro. Eso no hace merecer al más bajo la intervención estatal igualadora de alturas. El más bajo tampoco merecería ser más alto. No hay un problema de merecimientos, ni a favor de la igualdad ni a favor de la desigualdad. Son situaciones de hecho que determinan acciones e intercambios de acuerdo a necesidades. Hay dos posibilidades: o se deja a la gente interactuar aprovechando sus ventajas y desventajas mutuas, o hay una intervención exterior, sea para distribuir o para establecer jerarquías. Lo primero es lo libertario, las otras dos soluciones son autoritarias.

Me parece importante entender, para no caer en los caminos sinuosos de Hoppe, que algo pude ser defendido por la izquierda desde a la igualdad, pero ser de cualquier manera válido desde la liberad. No es la igualdad lo que descalifica, sino su oposición a la libertad individual, cuando ocurre. No es un problema de si la mujer es igual al varón, sino que amos son individuos libres y por lo tanto no pueden ser tratados con un status diferente. No puede haber una política para ellos y otra para ellas. La igualdad de derechos deriva de la justicia. Si varones y mujeres no fueran distintos no recibirían distintas denominaciones, pero ese no es el punto para la política ni para el libertarianismo, sino que tienen los mismos derechos. Lo mismo puede decirse del llamado "matrimonio igualitario". No se trata de un problema de igualdad, sino de libertad. En la medida en que el estado, como un resabio del imperio eclesiástico, se arrogue el derecho de establecer la legislación civil, ésta tiene que ampliarse para todo tipo de arreglos que la gente quiera tener y, de hecho, hay una demanda en el sentido del matrimonio entre personas del mismo sexo. Lo mismo que pasó con otras rémoras del totalitarismo eclesiástico medioeval, como el status civil diferente entre hijos legítimos e ilegítimos. Algunos lo cuestionan porque el matrimonio conlleva algunas ventajas desde la legislación del "bienestar social", pero no hay ningún motivo para que se excluya solo a una categoría de personas o que los individuos por no casarse tengan un tratamiento impositivo diferente. Otros, escandalizados por su espíritu conservador, quieren ridiculizar esta solución de evidente contenido práctico y compararla con la posibilidad de permitir a las personas casarse con sus mascotas. Si hubiera interés ¿cuál sería el problema de los demás con eso? Si eso sirviera para descargar ganancias, lo aplaudiría, pondría yo mismo una agencia matrimonial de ese estilo.

Puede uno abandonar el respeto por las vidas ajenas y volcarse a cualquier corriente de personas que sienten que tienen unas órdenes desde el más allá para imponernos a todos, pero ¿no sería honesto reconocer que esa tendencia es un abandono del sostenimiento de las ideas de la libertad, que decir que aquellos que las siguen defendiendo en realidad son los que las abandonaron?

Lo otro que es indispensable de aclarar es que nada es

válido simplemente por el hecho de hacerse libremente. Que no pueda haber interferencias de terceros en las elecciones de los individuos, no está basado en que estos siempre aciertan, sino en las ventajas, incluso en el procesamiento de errores, de dejar que ocurran las elecciones individuales y en que, fundamentalmente, es problema de quienes eligen acertar o no. No hay protectores, ni seres superiores que puedan decirle a otros cómo conducir su vida, si estos otros no les piden consejo. Sin que eso signifique nunca que por ese sólo hecho el individuo esté siempre acertado. Creo que una cuestión de simple conocimiento de las propias limitaciones llevaría a no meterse con el casamiento de mi vecino con su perro. Me puede parecer gracioso, pero ¿a mi qué me importa?

Esto de que algo no sea válido por ser elegido libremente es más claro que nunca con la libertad de expresión. Que algo se diga libremente no quiere decir que sea cierto ni correcto, porque hay libertad para decir cualquier cosa, por lo tanto, todo sería cierto, lo cual obviamente no es posible. Es especialmente necesario de aclarar porque esta corriente alt-wrong a la que adscribe Hoppe suele sostener sus juicios colectivistas en la libertad de expresión. Que exista el derecho a decir tonterías no significa para nada que las tonterías dejen de serlo. Tampoco discutir las tonterías implica desconocer el derecho de la libertad de expresión, sino ejercerla quién las discute.

En ese sentido, decir, en términos de política, que hay diferencias de status entre blancos y negros, mujeres y hombres, heterosexuales y homosexuales, no es otra cosa que sostener un relativismo racial, sexual. Se puede esconder bajo la hipócrita categoría de biología, pero si se discute política y no si hay que llamar a un urólogo o a un ginecólogo, se discute un status político. Negros y blancos tienen distinto color de piel, eso es lo evidente, pero que eso tenga consecuencias políticas es un argumento racista.

Las diferencias implican algo más que la diferencia por la que le ponemos un nombre distinto, algo que se relaciona con el vínculo con el poder y el derecho. En política no se discute que las rosas son diferentes a los gladiolos, porque no es relevante en el reconocimiento de derechos, en el cobro de impuestos, a la hora de votar, de recibir algún honor o tratamiento diferente. De hecho, Hoppe deriva de ahí que la mejor sociedad es la dominada por los varones blancos heterosexuales. Hacer esto respecto del color de la piel es irracional, por supuesto, porque quiere decir de nuevo que los negros son iguales entre sí, como los blancos entre sí, los homosexuales, los heterosexuales y las mujeres entre sí, y que la individualidad no importa, lo cual es falso y se contradice con lo primero que dijo Hoppe al iniciar su análisis. Es falso, colectivista, violador de derechos e inmoral extrapolarlo a la política.

Con independencia de eso Hoppe no llega ni mínimamente a fundar su pensamiento supremacista. Queda como colado entre sus desvaríos.

Cuando cita a Rothbard lo hace para sostener lo único que es real e importante, que es es para decir que ningún individuo es igual a otro. Lo cual está en la esencia del liberalismo, pero no se habla ahí de negros, blancos, mujeres, heterosexuales y homosexuales, porque no hay ningún interés desde la teoría social para hacerlo. Frente al derecho y a la política, cualquier individuo es igual a otro. Cuando el ejército contrata hombres, aunque esta cuestión se discuta en la actualidad, no se trata de un problema de desigualdad, sino de idoneidad. La diferencia física es pertinente a los fines del uso de la fuerza; nada tiene que ver la dignidad o el derecho de las personas. Pero Hoppe salta inmediatamente de las diferencias entre individuos que sirven para enfatizar sus libertades, a las de los grupos, que sirven para encasillarlos y determinar jerarquías colectivistas.

Los grupos son agregados no entes. No cualquier cosa

que se diga del grupo describe a todos los individuos más allá de la característica en la que se los agrupó. Un grupo no es automáticamente una asociación, como puede ser un club, hecha para perseguir fines de sus miembros. Los argentinos no tienen un fin argentino, eso es algo que inventa como un dogma el nacionalismo. Los negros no tienen un fin negro, eso es algo que inventa como un dogma el racismo, por más que, dado el racismo, eventualmente se agrupen para resistirlo o, incluso, se lleguen armar otros grupos igualmente racistas de sentido contrario. Si los argentinos no son un club, mucho menos lo son los extranjeros. Todos somos extranjeros de todos los países donde no nacimos.

Todos los simpatizantes de un determinado club de fútbol son simpatizantes de ese club de fútbol porque está en la definición del grupo, pero no porque ellos sean iguales.

Cada vez que se recurre a falacias racistas se incurre en el mismo error de transformar estadísticas en relaciones de causalidad. Las estadísticas están llenas de trampas, pero más allá de eso, cuando se dice que el 55% del grupo "A" prefiere las verduras a la carne, eso no permite decir que el grupo "A" prefiera las verduras a la carne, porque el 45% no cumple esa condición.

La igualación socialista conduce al ejercicio permanente de la violencia, pero no menos cierto es que la des-igualación jerárquica o de castas, está sostenida por la violencia. Esto se hace palpable no bien la violencia es excluida y la movilidad de patrimonios fluye por vías completamente diferentes al linaje.

La otra idea que mete por la ventana de repente, es la del control migratorio. Lo adosa a la izquierda y no lo justifica más que por el hecho de que según él, se trata de una política igualadora. Simplemente da por sentado que los inmigrantes no son iguales a los locales, pero acá no recurre teoría biológica alguna. Claro que no lo son porque la ley los ha clasificado como distintos. Pero para ahondar en las diferencias tendría que desconocer toda la tradición liberal que ha sostenido la libertad migratoria como parte central de su doctrina. La ha practicado desde ya los Estados Unidos, justo cuando se hicieron grandes. Debería aclarar el autor por qué ahora la inmigración se ha convertido en un asunto de izquierda y no solo afirmar que es una cuestión de "igualdad" en boca de la izquierda. Al menos del modo en el que, también equivocadamente lo hace Friedman, como un problema de aumentar los gastos del Estado de Bienestar. No hace eso, simplemente lo introduce y cataloga como izquierdista y anti libertario el considerar la apertura a la inmigración. Pero no se me ocurre algo más de izquierda que promover el proteccionismo laboral o sostener la victimización frente a la competencia extranjera; de hecho, estas son pretensiones habituales de sindicatos dominados por la izquierda.

Reitero que el chauvinismo se considera de derecha por error, pero lo único que vincula al control migratorio a ese lado de esta división es eso: el odio al extranjero asociado a la "ultra derecha". Los que se creen de "ultra derecha" lo tienen muy incorporado, pero eso con la tradición liberal se lleva a las patadas. La tradición liberal siempre ha considerado a la inmigración como un beneficio y parte de las demandas del mercado, donde no hay nacionalidad. Todos son cuerpos poseídos por sus almas, que contratan a otros cuerpos poseídos por sus almas.

En lugar de tomar las razones tradicionales del liberalismo para discutirlas, si es lo que quiere hacer, engloba el problema bajo la etiqueta "izquierda" con el subterfugio de llamarla política igualitarista. Nadie contrata a un extranjero por ser un igualitarista, que yo sepa, sino porque le conviene.

La política migratoria es uso del poder político y el ejercicio del poder se justifica para el liberalismo en la violación de derechos individuales. La legislación migratoria es administrativa, son órdenes directas del estado a la población. Los contratos laborales, de compraventa, de alquiler de viviendas, etc., entre quienes sean y donde hayan nacido, son de *common law* y están por encima de la ley administrativa en una sociedad libre.

El argumento principal de Hoppe es que los inmigrantes estarían ocupando un lugar que está ocupado por otros, porque el estado ejerce la posesión de los lugares públicos en nombre de los individuos. Contrariamente a eso, el estado es un aparato de dominación, cuyos recursos se obtienen de extraer recursos compulsivamente, no para seguir los fines de los individuos sino un supuesto fin público, colectivo. Lo que hace el autor es forzar la teoría de la representación política en los mismos términos en que lo hace habitualmente la izquierda, para fundar su ilimitación. Y lo hace contradiciendo todas sus afirmaciones sobre los problemas de la democracia. De repente el colectivismo es propiedad, sin más.

Veamos. El uso de la fuerza se justifica exclusivamente en función defensiva. Esto es válido tanto si alguien lo hace por sí mismo o porque la monopoliza. El uso defensivo de la fuerza no hace daño, repara o impide el daño. Por lo tanto, toda acción estatal se puede justificar únicamente en ese sentido y, como dice Ayn Rand, nada que le esté vedado hacer a un individuo por sí mismo, le está permitido al estado. Eso es la supremacía del *common law* y la vigencia del *rule of law* ¿Podemos nosotros impedir el uso de un camino que conecta, no mi casa, sino todas las casas vecinas, por parte de un extraño, sin violar a su vez los derechos de todos los vecinos? La única forma en que tal decisión no sería arbitraria, sería contando con una voluntad unánime, en cuyo caso el camino ya no sería público, sino privado de todos los vecinos.

La segunda cuestión es que el argumento de Hoppe reconoce que el camino público debe servir a aquellos que lo pagaron. Pues el camino es útil para que los vecinos entren y salgan, pero también para que entren y salgan los que tienen algo que tratar con los vecinos. No parece haber base para sostener que los caminos públicos son de una sola vía. Lo que propone es una masiva violación de derechos de propiedad, en preservación de una particular política colectivista en el uso de los caminos.

En tercer lugar, Hoppe ve ese uso por extranjeros como un daño a la propiedad de los locales, justamente por el uso de bienes públicos los de afuera. Eso mismo podría aplicarlo a las mercaderías. Por lo tanto, la existencia de caminos públicos podría servir, siguiendo ese razonamiento, para un aislamiento completo del país en materia comercial, migratoria y, por supuesto, de turismo. Eso sí significaría un daño gigante a los derechos de propiedad de los locales. Sus ingresos valen en función de lo que puede obtenerse por su producción, ergo, la pérdida de acceso a los bienes y servicios internacionales significa pérdida de valor. El no poder contratar servicios de extranjeros más baratos es una restricción que opera también como pérdida de valor, como así también el no poder vender sus propiedades más que a un mercado cautivo. A su vez, el pleno ejercicio del derecho de propiedad por los locales implica el acceso, dado que el camino también fue costeado por ellos, al comercio internacional, incluidos los tratos laborales. Un comprador extranjero de una propiedad local, sucede al local en sus derechos, también en su participación en los impuestos. A ambas partes se les violarían los derechos de propiedad restringiendo accesos y libertades de comprar y vender. El nacionalismo siempre es una guerra interna. De repente, la "propiedad estatal" sobre los caminos, se transforma en un completo comunismo, donde todo "nacional" es un esclavo de la voluntad administrativa.

Si sus premisas fueran válidas lo que aplica a la relación nacional y extranjero también se tendría que aplicar a los estados, y los condados y pueblos y así el mundo de Hoppe se transformaría en una perfecta distopía.

No hay, por supuesto, relación entre derechos de propiedad y nacionalidad. De más está decir que el estado no ejerce un derecho de propiedad derivado sino poder político. Asimilar una frontera a la puerta de una vivienda privada, es no entender la diferencia entre propiedad privada y bienes públicos.

La comparación entre un país y un barrio privado no tiene validez en este caso. El barrio cerrado es un lugar para habitar donde privadamente se organizan servicios y bienes para mantener privacidad y seguridad. Los guardias no ejercen poder político y las personas entran o salen como miembros comprando y vendiendo, por más que se requieran en muchos casos autorizaciones previas. Se lo hace porque así está establecido privadamente, es decir en ejercicio del derecho de propiedad, es decir en exclusivo beneficio y costo de los que suscriben el convenio. El país no es eso, no es una derivación del uso de la propiedad sino una situación de facto, ocurrida de acuerdo a las acciones de unos antecesores históricos, no jurídicos, donde a nadie le interesa quién vive a cincuenta kilómetros. De hecho, no hay barrios privados donde sus propietarios pretendan opinar acerca de quién entra, a través de las calles comunes en la casa de al lado o en el barrio cerrado vecino según los gustos de Hoppe. Con mucha menos razón hay interés o derechos de propiedad comprometidos de un señor que vive en la Florida por un extranjero que llega a sacar fotos a San Francisco. Francamente, las ficciones ancestrales de los reclamos indigenistas o la victimización histórica por la esclavitud, tiene más color que el planteo de Hoppe. No hay "libertarios verdaderos" quejándose porque los caminos son utilizados por igual por personas que han pagado niveles distintos de impuestos y, desde ya, la incidencia del uso extranjero de aquellos bienes, es completamente indiferente a la autorización estatal o a la no autorización estatal para el ingreso al país de nadie, sea como inmigrantes o turistas.

No se puede asimilar la relación de bienes adquiridos en común con bienes públicos sometidos al imperio estatal. Lo que se debe discutir es, en este caso, de políticas estatales, de cómo no violar derechos y protegerlos y de cómo permitir la libre circulación de bienes y personas, sin que tenga la más mínima importancia si los caminos no son estrictamente míos, que quienes circulen sean nacidos o no en el mismo lugar. Desde el punto de vista de los derechos de propiedad, es por completo indiferente. Hasta el uso de los bienes públicos por parte de aquellos que fueron despojados para construirlos, es competitivo con el uso de otros que también han contribuido. Esto quiere decir que no hay manera de usar un bien público en la medida justa en que se ha contribuido a su construcción. Hacer caminos para que no sean caminos sino fronteras, además de estúpido, es privar a quién compulsivamente pagó por ellos de la parte de la acción que lo beneficia, que es la comunicación.

Con cuestiones como hospitales públicos por ejemplo, u otros servicios gratuitos otorgados por el estado, todos estaríamos de acuerdo en que no deberían existir. Pero los extranjeros que los usen no presentan problemas adicionales a los nacionales que los usen. Toda política de "bienestar" supone que unos pagan y otros usan. Cuando un extranjero adquiere una propiedad, paga una cantidad de impuestos para cosas como proveer educación a otros, por más que ya haya llegado al país ya educado. Hacer "justicia" con la injusticia de los bienes públicos es imposible. Apenas se puede hablar de uso racional. No hay diferencia entre que sean gratuitos para nacionales o extranjeros. Cualquier criterio que se utilice para distribuir los costos es discutible, como es discutible en primer lugar que deban existir. Pero eso no tiene relación alguna con la libertad migratoria. Si hay hospitales, todos deberían pagar por su uso, nada tiene que ver de dónde vengan, ni tampoco si fueron despojados para construirlo. No hay daño adicional a la propiedad al ocurrido al cobrar el impuesto, en el que el extranjero o el que nace después del despojo, no tienen arte ni parte.

Ser buen administrador de un barrio cerrado no es asimilable a ser un buen administrador de bienes públicos y la diferencia no está en la "eficiencia" de la administración, sino en los derechos establecidos y sus alcances.

No es una buena metodología argumentar a través de cuestiones tangenciales, como son los derechos de propiedad de los "contribuyentes", que en realidad han perdido la propiedad no bien pagaron los impuestos y en nada los beneficia que los caminos sean restringidos por razones nacionalistas. Esos caminos perderían valor para ellos mismos. Según ese criterio, los propietarios fronterizos tendrían derecho a manejar su propia oficina migratoria y de aduanas. Después de todo, las personas entran a su propiedad y, de otro modo, las oficinas migratorias nacionales que no lo permitieran, estarían violando sus derechos.

Quedarían infinitos conflictos que Hoppe quería evitar al inicio, como por ejemplo el de los miembros del barrio que establecen vínculos personales con extranjeros. No digo siquiera contraer matrimonio, porque ese es otro estatismo moralizante, el de que el matrimonio habilita una "inmigración legal" que la mera diversión momentánea o sin ese compromiso no permitiría.

Ahora bien, el gran olvido del análisis es otro. El elefante que se le escapa a Hoppe es el beneficio de la inmigración y del comercio, el inmedible costo de oportunidad de cerrar las fronteras a personas y a bienes. Se puede ver el resultado de cualquier país aislado para entender que toda la discusión migratoria devendría absurda, con solo entender los beneficios del mercado. Si se entiende que cada transacción genera valor, cada transacción que se impide es destrucción de valor.

A principios de este siglo veíamos las manifestaciones asociadas al foro de San Pablo y los movimientos antiglobalización de la ultra izquierda. Ahora vemos lo mismo de la ultra derecha porque son nacionalistas. Lo asombroso es que esto se asocie a algo libertario como última novedad de un mundo embriagado de estupidez humana. Las fronteras laborales tienen que ver con el proteccionismo laboral, nada de libertario tiene eso. La libertad migratoria no se basa en la propiedad del mundo, ni la frontera en la propiedad de los nacionales. Son términos políticos. La frontera viola derechos de propiedad cuando no dejar pasar gente pacífica o mercaderías. Hoppe nos quiere convencer de que la razón por la que la gente no tiene que pasar a ofrecer sus servicios o bienes o a comprar una propiedad, es que los de afuera no son iguales a los de adentro, lo que no tiene relación alguna con su supuesto postulado irrefutable. Pero encima no se concatena lógicamente con esta cuestión. El señor Fernández quiere comprar la casa del señor Smith. Sean o no iguales, ese negocio les conviene a los dos y Hoppe no tiene nada que opinar al respecto. La prohibición que propone viola derechos de propiedad de ambas partes. Con el mismo argumento con el que digo que nadie tiene la propiedad colectiva del mundo, nadie tiene la propiedad colectiva de los países.

La misma falacia de transformar a la libertad en un argumento igualitario puesta en boca del sector al que quiere descalificar, la realiza cuando lamenta que el liberatarianismo atraiga a todo tipo de hedonistas que quieren ser tratados iguales y reclaman "no discriminación". Se trata, otra vez, de un problema de libertad, no de igualdad o, en todo caso de igualdad ante la ley. Aquí argumenta contra la tolerancia. Con ese recurso tan burdo, toda libertad podría ser tildada de socialismo por la mera trampa de llamarle igualdad.

Lo no libertario es la discriminación positiva, es decir el uso de la fuerza para igualar. El estado carece de una vía legítima para hacer diferencias entre hedonistas o puritanos, no se trata de un problema de igualdad por sí mismo. Como libertario me pueden parecer ridículos los puritanos, pero si su puritanismo es practicado para ellos mismos y no invocado como una regla que nos obliga todos, como la que sostiene Hoppe, no me provoca ninguna objeción. Si Hoppe entiende que todos somos desiguales, también debería aceptar que, así como él adscribe a su puritanismo, otros pueden optar por el hedonismo, sin que merezcan por parte del poder político un tratamiento diferente ¿Qué es lo que en sí mismo tiene el hedonismo de anti libertario? No hay explicación alguna para eso. Pero el puritanismo como lo entiende Hoppe es claramente antiliberario. Si él sostuviera como opción meramente privada el ser puritano, no debería objetar el no serlo, menos como requisito para ser liberatio.

Cuando se introduce en la cuestión de las restituciones reclamadas por llamados "pueblos origiarios" que fueron despojados en el pasado, contradice varias de sus afirmaciones previas, como que la evitación de conflictos tiene que ver con aquella cadena inmaculada de transferencias de la propiedad o el tratamiento de los bienes públicos como privados de los nacionalistas o que nada más pueden ser administrados con criterio nacionalista. Es cierto que esos reclamos no tienen asidero, precisamente por ser meramente históricos y no jurídicos. Por no basarse en un daño concreto a la propiedad del que reclama, sino en hacer juicios generales sobre hechos del pasado y atribuir libremente el daño a personas que se relacionan apenas étnicamente con aquellos sucesos. Pero de acuerdo a sus ideas sobre la propiedad y el control migratorio, Hoppe debería decir precisamente lo contrario.

Justamente ese sería el mejor ejemplo de que la paz depende de que la justicia se haga en concreto, respecto a reglas que tienen limitaciones económicas y no groseramente por decisión política. La justicia humana ocurre en tribunales con jueces, donde está lleno de renuncias y se acumulan errores. La restitución basada en la mera historia, se trata del uso de la violencia actual contra un poseedor. El palo que le pegaron en la cabeza a mi abuelo no me perjudica. El nieto del que le pegó el palo no tiene nada que ver. Ese es el nivel de discusión de una justicia civilizada, no la historia. La concesión de ese tipo de beneficios únicamente se justificaría en función de evitar conflictos mayores, pero al contrario de lo que empieza diciendo el ensayo, se basaría en injusticias más tolerables que el conflicto en sí mismo.

Basado en que todo derecho es en sí una aplicación del derecho de propiedad, asimila después el concepto de "derechos civiles" a violaciones de derechos de propiedad. El movimiento de derechos civiles reclamaba cosas incorrectas, pero también muchas correctas, como el libre acceso a los asientos de los negros en el transporte público, algo que no produce daño alguno a la propiedad.

El siguiente concepto introducido en la argumentación, sin explicar, es el de "marxismo cultural" que hoy en día se usa para cualquier cosa, desde el uso de minorías victimizadas en función de luchas políticas, hasta la "contaminación" de la "cultura" o la "moral occidental", que, según esta versión integrista que empieza por sostenerse en una cultura y moral imperativas, pone en peligro la "supervivencia de Occidente".

En cierto sentido, el libertarianismo en sí es la gran "infección de occidente", si por Occidente entendemos la tradición totalitaria de la Iglesia, el absolutismo monárquico, los privilegios, las castas, la censura de las ideas y los siervos de la gleba. El capitalismo, la tradición liberal escocesa y la revolución de los Estados Unidos, significaron un levantamiento contra la tradición occidental, de manera que todas las libertades de las que todavía gozamos, eran consideradas inaceptables en el Occidente tradicional. Para la derecha fascista y el integrismo religioso, el liberalismo está el mismo plano que el marxismo. Lo marxista para ellos es oponerse a las reglas morales que se imponían de modo imperativo antes de la llegada del capitalismo. El problema para esta visión neo-integrista es que "Occidente se está volviendo inmoral", por culpa de los defensores de la libertad y que, por el pecado, es que está llegando el castigo de la "invasión musulmana". La gente que no sigue los preceptos cristianos de comportamiento es "hedonista". Lo musulmán resulta ser la justificación de la necesidad de imponer la religión católica para preservarse. Estas ideas por supuesto se dan de patadas con el liberalismo y aquello que se indentifica como "marxismo cultural" no tiene nada que ver con marxismo. Como dije en la introducción, el liberalismo se desarrolla en Occidente por la misma razón que los anticuerpos contra una enfermedad se desarrollan dentro de una persona: porque la enfermedad existía, en este caso, porque la opresión existía. Por eso el liberalismo se desarrolla como un concepto negativo respecto del uso del poder.

Vale aclarar que el cristianismo no tiene por qué oponerse al liberalismo y algunas de sus ideas pueden concatenarse históricamente con lo que después derivó en el pensamiento liberal, así como muchas de sus interpretaciones chocaron con él. De hecho los liberales en Latinoamérica son en su mayoría católicos. Pero son unos católicos que han sabido manejar la tensión que existe entre sus creencias religiosas y las posiciones políticas de la jerarquía eclesiástica. Lo que no es compatible con el liberalismo es el clericalismo, esa idea de que la Iglesia debe gobernar y que debe regir las relaciones civiles de acuerdo a unas normas que le permitan mantener un control totalitario. Católicos liberales y nacionalistas integristas no solo no hay, sino que siempre han sido enemigos.

Parte del enorme chicle conceptual del "marxismo cultural" es el feminismo de la tercera ola, un movimiento que se propone sojuzgar a los varones en nombre de las injusticias históricas sufridas por la mujer y que entiende que todo acto criminal de un hombre contra una mujer, es atribuible a todos los hombres, siendo víctimas todas las mujeres. De todos los disparates de reclamos basados en la historia, este es uno de los más ridículos, porque parte de una irrealidad mayúscula. Los hombres no somos herederos de los hombres, ni las mujeres de las mujeres. Cada uno de nosotros es heredero por mitades de un hombre y una mujer. De manera que en esos términos ancestrales cualquiera de nosotros, tenga el sexo que tenga, podría asumir la venganza de nuestras madres, abuelas, bisabuelas y seguir eternamente la línea ascendente. El reclamo, lógicamente, debiera circunscribirse por ese motivo a cualquier cosa actual, no del pasado. Ahora bien, si esta postura de la izquierda es absurda, la de Hans-Hermann Hoppe le da la completa razón. Al planteo de que la sociedad está siendo dominada por varones blancos heterosexuales, el autor no solo responde afirmativamente, sino que sostiene que así debe ser. Ese decir, se trata de un planteo tan irracional como el del "marxismo cultural".

Así como el marxismo es falso porque no hay lucha de clases, el "cultural" debería ser considerado falso en la media en que rijan derechos individuales e igualdad ante la ley. Hablar a favor de la superioridad de los explotadores capitalistas, sería un análisis tan marxista como el de la dictadura del proletariado.

Acto seguido Hoppe introduce por la ventana la cuestión de la "naturalidad" de las diferencias. Lo cierto es que las diferencias naturales no son morales y lo que está detrás del argumento naturalista es que la naturaleza provee normas imperativas morales, que en su caso también significa que el sistema legal las debe imponer. No solo limitaciones físicas, sino que además hay que seguir determinado plan. Si alguien sostiene que el estómago no es para introducir alcohol, basado en su "naturaleza", es porque sabe que se puede meter alcohol igual en el estómago de uno, dada nuestra también naturaleza libre. Como diría Ayn Rand, de cualquier manera eso no nos libra de las consecuencias. Pero resulta que, al lado de una dosis de daño, el alcohol nos provee de cierta diversión, aunque algunos se excedan. No es muy distinto el razonamiento al uso de un medicamento que tiene efectos colaterales. Nuestra naturaleza nos provee una herramienta de elección para realizar pruebas de ensayo y error (es decir no basada exclusivamente en el acierto), que es capaz de ir contra la aparentemente obvia función orgánica. Somos más que pura biología y nuestra biología en parte se termina adaptando a eso. Practicamos deportes extremos que podrían estar contraindicados, porque asumimos los daños como costos en función de un objetivo. Costo y beneficio son subjetivos, no biológicos o naturales.

La evolución también está hecha de rupturas. Somos descendientes de organismos asexuados, así que lo masculino y lo femenino también aparece en algún momento rompiendo los antecedentes "naturales", como toda evolución, no exenta de marchas y contra marchas. Se suele confundir natural con "statu quo". Ni siquiera podemos saber si la sexualidad es anterior o posterior a la aparición de la reproducción sexuada.

Lo importante es que ejerzamos lo que Hoppe llama propiedad sobre nuestro propio cuerpo, pero que curiosamente no lo lleva a concluir que la forma en que se ejerce la sexualidad es totalmente indiferente para el análisis político, sino a la "evidencia" de la superioridad de la condición de varón, heterosexual y blanco. Es decir, basta ser como Hitler, Alfonsín, Jimmy Carter, Bill Clinton, Francisco, Franco y tantos otros, y no tener la mala suerte de ser como Margaret Thacher, Ayn Rand u Oscar Wilde.

La naturaleza no demuestra siquiera tener un plan único y unívoco, sino todo lo contrario, aunque ni siquiera nos debería importar. Es porque se trata de un resultado y no de un designio. No tiene voluntad alguna que se haya demostrado. Cuando algo es "naturalmente" determinado, como la ley de la gravedad, no ofrece discusión alguna y los socialistas tampoco lo podrían cambiar. El punto no es si algo es natural o antinatural, sino si es libre o no es libre, si es fruto de la política o de que la gente así lo elige.

Así como la izquierda utiliza a las víctimas en función de su proyecto autoritario, también lo hace Hoppe cuando victimiza al varón hombre heterosexual del "lobby gay", que es un fantasma, una conspiración que introduce por ahí ¿No es un poco "marxista cultural" el hecho de declararse víctima para sostener una posición preferente? Hoppe fue echado de una posición académica por hacer comentarios sobre los gays. Tal vez de ahí venga su resentimiento tan izquierdista que llega a torcer sus posiciones políticas. Pero él no fue echado por "los gays", sino por unos que estaban en su clase. Y la vícitma fue él, no los varones blancos heterosexuales. Su argumentación es igual de falaz que la del extremismo feminista actual. El "lobby gay" vendría a ser el apelativo conspirativo que se le aplica a cualquiera que tenga una posición distinta a la de los inquisidores morales como Hoppe. No es gente que defiende sus libertades o sus puntos de vista, sino un "lobby", algo tramposo e ilegítimo de entrada.

Hoppe hasta argumenta en contra de ser amable. En eso ha tenido también un éxito bárbaro en desatar todo es ejército de jóvenes que parecen ser parte del experimento de la película *La Ola*, que tienen una particular vocación por ser desagradables con todo el que no comparta su "causa". Lo son en particular con los liberales que no decidieron sumarse a su reciclado nazismo.

Por supuesto que el estado no está para decir que hay que ser amable. En primer lugar porque el estado no lo es y en segundo porque no es legítimo imponer normas de comportamiento por conductas que no implican violación de derechos. Pero ser amable es un valor y ser desagradable es un dis-valor, no al revés. Lo primero crea un ambiente propicio para el intercambio y la convivencia y lo segundo no. Otra vez ¿no era la convivencia el principal motivo para establecer la propiedad privada?

Comprendo que quienes sostenemos ideas contraintuitivas para la gente y que comprometen el manual que tienen para "ser buenas", somos tratados como agresores. El negador se da por agredido cuando se le señala lo que no quiere ver. Pero Hoppe hace de esto la teoría de que hay que ser desagradable, solo porque no hay obligación de ser amable. Eso es francamente ridículo. Se queja de que los libertarios "izquierdistas" le piden que sea considerado al hablar de otras personas. El podría decir que no tiene por qué serlo, estoy de acuerdo. En todo caso quienes lo contratan tienen el derecho de echarlo por desagradable o por cualquier otro motivo, eso no lo obliga a él a cambiar. Pero pareciera que no se siente lo suficientemente seguro con su personalidad si quiere convertir a sus inclinaciones descalificatorias en una norma general.

Es obvio que ser racional requiere "tolerancia". Si tenemos una sociedad perfectamente libre, sin estado y la gente deja de tratarse de buen modo, la paz se termina en un rato. El mercado lleva a ser considerado, porque los empleadores libres no contratan a gente que no sabe comportarse y no se cierran tratos comerciales por la vía de los escupitajos o los insultos. El mercado crea un ambiente de tolerancia y la discusión de ideas también. Pero es racional dejar la amabilidad cuando se está siendo atacado o con la gente que es desagradable. Hoppe debería aceptar que sean desagradables con él también y, según su razonamiento, incluso cuando no les diera motivos.

Thomas Szasz decía que en la antigüedad la cuestión era esclavizar o ser esclavizado, hoy lo es etiquetar o ser etiquetado. Etiquetar equivale a colectivizar, a reducir a un átomo a la personalidad. El destrato a cualquier categoría de personas no agresoras, es una forma de romper la convivencia y generar dinámicas como las de los experimentos de mencionados al inicio. Por supuesto que eso cabe también a la etiqueta "desagradable". Asignarle al que disiente esa característica es una acto artero y cobarde. Acosar a una persona por su pensamiento "incorrecto" para alterarla y después explicar la alteración como el problema en sí que tiene la persona, es un comportamiento infame de pirañas. Así se comportan los seguidores de este artículo de Hans Hoppe. Tal vez incluso él mismo haya sido víctima de eso en el episodio que resultó en su expulsión, el problema es que transforma en norma el ser desagradable y se identifica con sus detractores.

Lo importante es esto: hay derecho a no ser agradable, aunque ni remotamente el liberalismo postule ser desagradable y es evidente que la amabilidad es una buena regla general. Es válido decir que en determinadas situaciones hay que dejar de lado la afabilidad y no ser tibio ante lo inaceptable. Pero entonces tenemos que fundar el carácter inaceptable de la situación. Hoppe debe intentar al menos argumentar qué es lo inaceptable de tener una determinada sexualidad, color de piel o lugar de nacimiento.

Llega a afirmar que todo lo bueno ha sido construido por varones blancos heterosexuales ¿Cómo Hitler, Stalin y Fidel Castro? ¿Son todos los varones blancos heterosexuales iguales entre sí? ¿Son todos los no varones blancos heterosexuales iguales entre sí? ¿Es bueno ser amable entre varones blancos heterosexuales? He visto cosas igual de aberrantes escritas muchas veces, pero no en sitios liberales.

También recurre a la falacia de la familia tradicional, otra bandera del integrismo cristiano. La familia "tradicional" es muy distinta a la que se da por sentada en la actualidad, que se funda en primer lugar en la libertad de los contrayentes. Eso es en realidad una novedad de muy entrado el siglo XIX, porque el matrimonio ha sido históricamente un arreglo patrimonial-político entre familias y grupos, muy lejos de la llamada "familia" de la actualidad. El actual, o el de hace algunas décadas en realidad, porque ha mutado muchísimo, es un producto del capitalismo y de la libertad civil que se va ganando contra la herencia inquisidora de las distintas iglesias que influyeron en la determinación de reglamentos sobre la materia. Ya la "familia tradicional" es una ensamblada con matrimonios que se disuelven y otros que se contraen.

No hay relación alguna entre el tipo de familia y el pensamiento político de las personas, ni por supuesto está demostrado en este artículo y nada de lo que Hoppe defiende como sus valores tiene nada que ver con el liberalismo. "Marxismo cultural" es todo comportamiento que su moral cerrada e integrista no quiere como vida para los demás, lo que lo obliga a ser desagradable. Todo esto dicho de una manera muy confusa y tirando afirmaciones de la nada, como que el estado busca predominar destruyendo a la familia patriarcal. Hasta acá el estado ha avanzado bastante sin que cambie algo al respecto. Pero nada como invocar una teoría conspirativa para justificar lo que no se puede justificar. Lo cierto es que lo que hace avanzar al estado es que se sostenga que hay una manera correcta de vivir y que la política la debe custodiar.

La Iglesia predominó como estado totalitario durante toda la edad media con familias perfectamente patriarcales, y en gran medida el estado secular lo siguió haciendo con reglas de herencia como el mayorazgo o la herencia sólo para hijos "legítimos". Así aseguraba las alianzas. Al estado le basta atacar al individuo. Si uno es dueño de su cuerpo y su propiedad ni el estado ni la familia lo pueden condicionar. De manera que la única familia patriarcal que puede haber en una sociedad libre, es la que no tiene protección estatal. No es lo mismo atacar a la industria que quitarle subsidios o protecciones. De la misma manera, no es lo mismo atacar a la familia patriarcal, que establecer una legislación no exclusiva para ellas. Esta familia libre de privilegios es la del mercado. La familia patriarcal tradicional dejó de existir con el mercado justamente porque antes había sido una extensión del poder imperial. Siempre las familias han sido fuente de poder, las monarquías son eso. No, la familia no es la base de una sociedad libre, lo es el individuo. Buenas familias son las que protegen la individualidad de sus miembros.

Dice Hoppe que el estado ataca a la familia tradicional rivalizando la autoridad su autoridad. Esta comparación es bien significativa, porque el estado usa la fuerza en función de unos objetivos, se supone que defensivos. Pero las familias no tienen derecho alguno a usar la fuerza de la misma manera que el estado, como no tienen ese poder los fascios.

Nótese esta diferencia. Cuando se discute al marxismo es porque su lucha de clases es una completa fantasía. Pero cuando estos supuestos anti "marxistas culturales" discuten el "multiculturalismo", lo hacen sosteniendo que la lucha sí existe y que ellos representan el bando bueno. Eso es lo que hace que los fascistas y los marxistas pertenezcan a un mismo club colectivista y antiliberal. Si los "marxistas culturales" reemplazan a la lucha de clase por la sublevación de las minorías, los reactivos fascistas les dan la razón en que esta segunda lucha existe y en que ellos son enemigos orgullosos de las minorías. Son todos ellos enemigos de la menor minoría que existe, que es el individuo, como decía Ayn Rand.

Llega a naturalizar el pasaporte y a sostener que cuando el estado se comporta de manera no restrictiva con la inmigración, está rompiendo un estatus, que vendría a ser como un título de nobleza consistente en ser "nacional".

Es falsa su caracterización del inmigrante como alguien que viene a ocupar el lugar de otro. El inmigrante o cualquier persona que ocupa "el lugar de otro" es un usurpador, comete un delito. No puede vivir en otro país sin alquilar una vivienda o comprarla. El extranjero que pasa por un camino o pasa por un aeropuerto, no está ocupando ningún lugar de otro, sino usando una instalación hecha para que, entre otras cosas, pase él.

Si todo estuviera privatizado habría inmigración no conflictiva por comercio. El propone mientras tanto, un criterio estatal racial nacional, colectivo, que olvide por completo los derechos a comerciar de ambas partes. ¿En utilidad de quién?

Dado que su motivación principal es supremacista, toda la argumentación de la propiedad de las carreteras es una mera argucia. Por eso es tan inconsistente, se sostiene en sus fines y no en sus principios. Dice que los extranjeros usan los caminos sin pagar sus costos. No tienen por qué hacerlo porque ellos no los construyeron. Se hicieron para transporte en cualquier sentido, porque en las transacciones que ocurren en los intercambios ambas partes ganan. Del mismo modo el dueño de un restorán no les cobra a sus clientes la construcción del local. El lo construyó esperando ganar con los intercambios que tendría con cada uno de los que fueran a comer. No pagan los caminos ni los inmigrantes ni los turistas.

Los caminos públicos están lejos de ser una extensión de la voluntad de los nativos blancos heterosexuales (los extranjeros, como sabemos, son todos maricones). Se hacen contra su voluntad con el pago de impuestos. Esos recursos son extraídos a su propiedad, no son su propiedad. Lo que dice Hoppe serviría para sostener que no hay violación de la propiedad en el comunismo, porque todos los nacionales serían dueños del estado.

Está sosteniendo así que el estado es un propietario y no un usurpador. Al final de este artículo, del libertario Hans-Hermann Hoppe no queda nada.

3. ESTADO DE BIENESTAR E INMIGRACIÓN

Febrero de 2018

Uno de los puntos de la plataforma del Partido Nacional Socialista Obrero Alemán (la palabra obrero se la suele excluir) decía así: "Exigimos que el Estado debe encargarse primero de proporcionar un sustento y modo de vida para los ciudadanos. Si es imposible sostener la población total del Estado, entonces los miembros de las naciones extranjeras (no-ciudadanos) deben de ser expulsados del Reich".

Tenía otros puntos socialdemócratas como una jubilación universal y una reforma agraria. Es que el partido Nazi era una izquierda socialista nacionalista y extrema. Era otra "versión" de lucha de clases, de "obreros" contra el capitalismo, al que todos los totalitarismos le atribuyen la perdición del mundo.

Pero nótese la paridad de la argumentación sobre el financiamiento del estado de bienestar y la inmigración, con la que se utiliza en los Estados Unidos por parte de los altwrong, encima como si fuera un argumento liberal. La inmigración libre, decía Friedman, no es posible con estado de bienestar o, lo que es lo mismo, mientras haya estado de bienestar no se puede permitir la inmigración. El altwrong más "liberal", ha tomado esa frase como muletilla.

En ambos casos falacia consiste en sostener que el estado de bienestar no puede funcionar con un flujo inmigratorio permanente, cuando la realidad es que el estado de bienestar no puede funcionar, punto ¿Por qué cargarles a los extranjeros la responsabilidad de hacerlo fracasar? Solo por racismo y xenofobia. El resultado es que la gente cree, entre otras cosas, que lo que está haciendo fracasar al estado de bienestar es la inmigración.

Económicamente también es falso. El estado de bienestar tendría más financiamiento legalizando la inmigración y se ve privado de ingresos por mantenerla en el mercado negro. Pero lo que es más importante es el problema del "camino de servidumbre" que señalaba Hayek. Una regulación provoca un problema que se tapa con otra regulación, en una sucesión interminable. Pongamos en claro también que el estorbar la inmigración implica la violación de la libertad contractual de los nacionales.

Claro, para cuestionar al estado de bienestar en sí, deberían enfrentar a la izquierda, en cambio poniendo el problema en los hombros de los inmigrantes, se meten con minorías con pocas capacidades de defensa. Ellos se ven más poderosos contra ellos.

Miremos lo que pasó hoy en la frontera entre Colombia y Venezuela. Cerca de cuatrocientos mil venezolanos huyeron de Venezuela a Colombia. Santos, un presidente que ha sido complaciente con el chavismo, se puso hoy a restringir aquella vía de escape. Es decir, condenará a la gente a muerte y le llama a eso "política de seguridad de las fronteras". Un esquema parecido. Enfrentar a Chávez y a su sucesor era un problema, en cambio enfrentar a unas pobres almas desesperadas que huyen de la injusticia, es fácil.

Claro que es un problema recibir, no una ola migratoria, sino masas huyendo de un gobierno criminal ¿pero no es eso una obligación elemental de cualquier país civilizado? ¿Podemos estar seguros de no estar en algún momento en la misma situación que esa gente? Sobre todo

Colombia, que tiene entre sus candidatos a presidente más favorecidos en las encuestas a dos izquierdistas, además de tener a las FARC metidas en su sistema político.

La costumbre del asilo no está inspirada en meras razones altruistas. Se trata de reciprocidades que se hacen costumbre y que pueden hacer del mundo un lugar más seguro.

4. INMIGRACIÓN, COMMON LAW Y CIUDADANÍA

Febrero de 2018

La regulación migratoria está en el centro del debate. El presidente tiene especial interés en restringir la llamada inmigración en cadena y terminar con la lotería de visas. Se habla de un criterio de aceptación del ingreso de extranjeros por medio del mérito. Por otra parte, se quiere resolver el problema de los inmigrantes ilegales, es decir, los que no cumplen con las reglas administrativas establecidas para ese fin.

Aquí tenemos un choque de tendencias. Por un lado el mercado parece absorber una entrada de extranjeros mayor al que establece la legislación y, por el otro, hay una intención política de achicar aún más la permeabilidad legal de la inmigración. Desde ese punto de vista, la inmigración ilegal se podría ver como un mercado negro. Esto es, transacciones que las partes consideran adecuadas a sus intereses – básicamente contratos de trabajo –, pero que el estado o la política, incluyendo aquí a la opinión pública, no avalan.

Parte del problema de esta brecha es la concepción acerca de lo que es una "ley". Es muy común escuchar que "los Estados Unidos es un país de leyes". Pero "ley" quiere decir cosas muy distintas de acuerdo al sistema político del país en cuestión. La ley en Corea del Norte tiene el valor de un reglamento militar, que no contempla para nada los intereses de los individuos regulados. Ellos están al servicio de un fin supremo, teñido muchas veces de épico, otras de seguridad ante amenazas reales o imaginarias o de un bienestar ilimitado a cargo de quienes ejercen el poder, que siempre se traduce en un malestar ilimitado.

En una sociedad libre, la ley es un mecanismo por el

cual las libertades individuales se hacen posibles, porque el estado no tiene fines propios e independientes de ellos. Ley, decía Frédéric Bastiat, es el ejercicio colectivo del derecho individual a la legítima defensa.

En ese sentido, el ideal de legalidad está muy cerca de lo que en la tradición anglosajona se conoce como "common law" o en el derecho romano se llamaba "derecho civil", mucho antes de que se lo codificara. Es decir, se trataba de una serie de principios que eran descubiertos a través de la solución de los conflictos que se presentaban ante los jueces o pretores. Lo fundamental en la concepción de ley era la vida civil real, lo que las personas querían hacer y acordaban de acuerdo a sus expectativas e intereses. Ese derecho era algo que las autoridades no creaban, sino que interpretaban.

Por otro lado está la legislación, que es producto directo de la voluntad estatal a través de un poder legislativo. Pero otra regla fundamental de los países libres, el "rule of law", se convertiría en un concepto vacío sin esa concepción del common law como algo externo al poder mismo. En Gran Bretaña no hay constitución escrita, sino que rige el principio de que todos están bajo el derecho común, incluido el gobierno. Estados Unidos, si bien tiene constitución escrita y la legislación tiene otro lugar, es parte de aquella tradición del common law y, sobre todo, se funda en la filosofía de la libertad individual.

En tanto el common law refleja la práctica del mercado, no tiene por qué surgir el fenómeno de los mercados negros.

Esto tiene relación con el problema migratorio y las distintas opiniones que existen acerca de cómo debe regularse. Además de esas opiniones externas, están las prácticas del mercado y unos principios que tienen que estar por encima de la voluntad política, para que podamos hablar de "rule of law", que da un sentido a la idea de "país de leyes" muy diferente al país de las leyes de Corea del

Norte.

Esto se podría salvar si la legislación diera más lugar a la interpretación judicial. En lugar de intentar suplantar la idea de mérito que el propio mercado tiene al demandar trabajo, de todo tipo de complejidades y niveles o determinar qué parentesco justifica el ingreso de un nuevo miembro de la familia al país, dejar librado eso al examen judicial y a los hechos y circunstancias que presenten los interesados para determinar la justicia del caso. Un mero reglamento, por poner un ejemplo, no puede determinar si una abuela es más importante para una familia particular que un tío. La demanda laboral tendría que tener en cuenta los intereses de la empresa. El proteccionismo laboral parece una panacea para cuidar el empleo, pero se olvida que todo el empleo es producto de la actividad lucrativa de empresas, cuanto menos restringidas sean en sus posibilidades de alcanzar sus objetivos, más empresas habrán. Cuantas más restricciones, menos habrá. Si el mercado laboral pudiera demandar libremente trabajadores de otros países, el problema de los indocumentados que permanecen dentro del país a la espera de una oportunidad que tal vez no obtengan, se reduce notablemente. Una persona que consiguiera un empleo temporario, podría volver a su país sin el temor de no poder volver para conseguir otro empleo temporario. Un extranjero podría buscar un trabajo antes de cruzar la frontera o lanzarse a la peligrosa aventura de saltearla ilegalmente.

Un tema aparte es la cuestión de la ciudadanía, que debe ser tratada como una cuestión de derecho político, no de common law. Es ahí donde deberían establecerse cuestiones de mérito relacionadas con el sentido de la Constitución de los Estados Unidos. No habría por qué mezclar el mercado laboral con la ciudadanía. Sus requisitos y los caminos para obtenerla, deberían ser independientes. Hablamos en este caso de cosas como la facultad de votar o de ser elegido. Allí el examen sobre la adhesión del interesado a los principios fundantes del país debería ser mucho más riguroso que la mera repetición mecánica de artículos constitucionales que existe en la actualidad. Pareciera un buen criterio el otorgar ciudadanía a las personas que hubieran estado en el frente alistados en las Fuerzas Armadas, por ejemplo.

Lo anterior liberaría varias presiones. Primero la de los trabajadores u inversores extranjeros por obtener una ciudadanía que en realidad es un reaseguro de poder continuar con su trabajo, dado que ambas cosas están artificialmente vinculadas. Probablemente muchos menos la buscarían. En segundo lugar la especulación y demagogia en cualquier sentido sobre la inmigración meramente laboral, porque será gente que tal vez no tenga interés y no tendrá razones para participar en la política local. Los inmigrantes dejarían de ser vistos como un botín político, en lugar de por lo que son: una realidad económica de un país exitoso.

5. ¿ACASO CUBA ES UN "PAÍS DE LEYES"?

Febrero de 2018.

Demócratas y republicanos parecen haber llegado a un acuerdo para un presupuesto que incluya las restricciones migratorias y el bendito muro que obsesiona a Trump, a cambio de liberar a los rehenes del DACA ¿Pero, esto es Estados Unidos? Me cuesta reconocerlo, como me cuesta reconocer a la mayoría de los liberales que se han embarcado en esta nueva religión de los cuarenta, de nacionalismo, teocratismo, fábula conspiratoria y enemistad con el comercio.

Si me hubieran dicho que estas cosas iban a ser el centro del debate en los Estados Unidos hace cinco años, no lo hubiera creído. Si corresponde dar a los llamados "dreamers" una solución ¿qué clase de acto es "negociar" eso contra la obtención de objetivos presupuestarios? El partido Nacional Socialista calificaba a los judíos de extranjeros y a partir de ahí los declaraban prácticamente parias. La mayor parte de la gente de este país, a la derecha y a la izquierda, ha abandonado o vaciado aquella idea de que "los hombres nacen y permanecen libres e iguales en derechos". Creen, como toda peor tradición jurídica colectivista europea, que el derecho administrativo, las meras órdenes del estado están por encima de eso. No conocen el concepto de common law, ni que los individuos y su libertad son anteriores al estado. Cuando repiten "este es un país de leyes", han convertido al "rule of law" en un "law of rule", en una consigna nacional socialista que se podría traducir como "en este país manda el estado y es sagrado".

Por eso es que repiten las consignas de la propaganda, que dice que esas personas son "ilegales". Son individuos cuyos padres violaron las reglas de inmigración, que son reglas administrativas que violan el common law y dejan de lado por completo la libertad contractual. Son individuos que entraron al país sin ellos violar siquiera aquellas reglas administrativas porque carecían de responsabilidad, siendo menores. Son únicamente, individuos no reconocidos por el estado norteamericano.

Pero supongamos que no lo fueran. Supongamos que de verdad aceptamos toda la basura colectivista de que somos lo que el estado dice que somos. Ni siquiera así sería admisible una toma y daca para dejar a esas personas existir, permanecer en el país donde han crecido, continuando todos los contratos que han celebrado, pagando un precio por liberarlos ¿Después hablan de Cuba que usa a sus médicos como mano de obra esclava? ¿Con qué fundamento lo harían? Cuba es pura ley administrativa, lo que hace es tener las "leyes" que autorizan su operación de alquiler de esclavos. Los que escapan de Cuba son "desertores". Los médicos que dejan la esclavitud y se quedan en los países a los que los mandan, son "ilegales" en los mismos términos en que se usa la palabra "legalidad" aquí.

Como en los cuarenta, este proceso político alimenta la miseria humana. Las redes sociales están llenas de nazis que celebran estos crímenes y que invocan al "país de leyes". En esos términos ¿acaso Cuba no es un país de leyes? Parece ser más de leyes incluso que Estados Unidos.

Pero quiero aclarar algo más. El concepto de inmigrante "ilegal" es similar al de contrabando, una mera alusión a la desobediencia al estado, no a la "ley" que moralmente es indispensable cumplir, que es la vigencia de los derechos individuales. El estado norteamericano, o cualquier otro, debe reconocer a los que llaman inmigrantes ilegales por la sencilla razón de que la "ley" en serio, la que surge de la interacción entre personas y de los contratos, ya los han incorporado. Es el estado el que está fuera del common law. El estado debe blanquear al mercado negro que ha creado por legislar contra la libertad contractual.

Es lamentable este devenir hacia el más extremo espíritu totalitario. Los que creen que están exentos de padecerlo por estar del otro lado de la línea paria, se equivocan. Su país libre, que fue ejemplo para el mundo, se está perdiendo a sí mismo en esta persecución, que tarde o temprano les llegará a todos. Están siendo cómplices de un cambio radial de doctrina sobre lo que sus instituciones de gobierno son.

Todas las políticas de Trump tienen ese solo objetivo. Ahora planea un desfile militar, como en todos los países bananeros. Recuerdo cuando nos hablaban de su pacifismo, frente al militarismo de Hillary Clinton. Los que esgrimían esa falacia de comparar todo el tiempo a la señora Clinton con Rothbard y a Trump con la señora Clinton, como alguien me dijo ayer, no se están haciendo el harakiri, mientras su líder intocable da las señales opuestas a las que él decía ¿Siguen creyendo que la peor opción es la socialdemocracia? Pues la socialdemocracia también fue la antesala de algo mucho peor en Alemania.

Harían bien los demócratas en darle su muro a Trump. Que se entretenga con eso y que veamos cómo hace para construirlo en lugares donde es físicamente imposible, pero la verdad que no importa nada. Lo malo es el deseo que tiene este presidente de restringir aún más la inmigración. Que quede claro, la restringe para el mercado. Demostrando así una vez más que es un completo hipócrita. Mientras atribuye falsamente a la inmigración ilegal los delitos que se cometen el país, contra las evidencias que muestran que entre los nativos la tasa de delincuencia es el doble que entre los inmigrantes, lo que hace en realidad es destruir a la inmigración legal. Es decir, todo lo que ha dicho sobre los inmigrantes ilegales es puramente falso. Su problema son los inmigrantes en sí, como su abuelo. Su problema es la más estúpida xenofobia.

6. NEOFASCISMO Y GOBIERNO MUNDIAL

Febrero de 2018

Últimamente el fantasma del "gobierno mundial" parece justificar cualquier cosa. De hecho es el argumento favorito del nacionalismo en este momento ¿Será posible establecer un gobierno mundial? Parece algo bastante difícil, lo único que vemos en realidad es una manifestación de "transnacionalidad", una complicidad de gobiernos nacionalistas para establecer control sobre los individuos y no dejarlos escapar. Es decir, para hacer de sus fronteras algo más inexpugnable Esto es claro en materia impositiva y en la regulación del llamado "lavado de dinero", una figura aberrante de la que ya he hablado en otro momento.

Pero la principal falacia nacionalista detrás de este asunto, es que, si las fronteras fueran como los nacionalistas quieren, cerradas, cada uno de nuestros países sería todo el mundo que conoceríamos. Es decir, nuestro gobierno nacionalista sería también nuestro gobierno mundial.

Gran parte de la forma deshonesta en que se usa este argumento va dirigida justamente contra el comercio. Las jurisdicciones chicas son un ideal liberal, pero no para para que no pasen personas y mercancías, sino para que no pasen los gobiernos y no tengan la fuerza suficiente para convertirse en tiranías hacia adentro. Tienen el propósito de disminuir el control del estado sobre los individuos, manteniendo las fronteras abierats. Si se cierran, no hay que preocuparse del gobierno mundial sino del local. Así expresado, como lo hacen hoy los nacionalistas, es como querer salvarse de la cárcel metiéndose en la celda.

Esta es una bandera del nuevo nacionalismo que representan Trump y sus adoradores, aunque hasta ahora el presidente norteamericano no lo llevado hasta las últimas consecuencias. Veremos si tenemos la suerte de que se quede en el camino y esta moda pase. Pretenden asustar con la hasta ahora fábula del gobierno mundial, para reducir el mundo de sus súbditos al área que controlan. Es en realidad una reacción contra la "globalización", tomando el guante de la ultra izquierda en la década de los noventas, que sostenía las mismas consignas.

Lo que hacen es tergiversar un argumento hasta llevarlo a significar lo opuesto a lo que expresa, del mismo modo que usan el "marxismo cultural" como subterfugio para instalar un fascismo cultural, que dicen que es el antídoto; curar el resfrío con viruela. El argumento liberal contra el gobierno mundial es que no ofrecería escape si se volviera totalitario. El argumento neo-fascista contra el gobierno mundial, es que no permitiría fronteras firmes, de las que no se pueda escapar. Les arruina el proyecto totalitario local.

El trumpismo es un evidente enemigo de esa libertad de traspasar las fronteras que protege contra el totalitarismo. Incluso toma acciones contra una institución que tiene siglos y reconoce la fragilidad del individuo frente al estado, como es el asilo político. Lo está haciendo de facto imposible.

El ideal liberal es que todo el mundo pueda comerciar libremente con todo el mundo, porque las ganancias se producen a nivel individual, no "nacional". Para la economía no hay importación o exportación, inmigración ni emigración. Esos son conceptos políticos para dar valores extraeconómicos a acciones o personas. También extra jurídicos, si entendemos al derecho como sinónimo de common law o derecho privado y no como voluntad estatal.

Aquella globalización tenía dos aspectos muy diferentes. Uno la mundialización de la producción, que es lo que el trumpismo quiere terminar, que es desde siempre un ideal liberal. Partes de los productos producidas en países diferentes, logrando grandes abaratamientos de la vida diaria y, entre otras cosas, la explosión tecnológica que la humanidad ha vivido. Eso quieren terminar.

Al menos estos nacionalistas deberían tener el mínimo de decencia de reconocer que están rompiendo con esa idea. Pero no lo tienen.

Ese fenómeno produjo una reducción de la pobreza extrema mundial del 34% al 9%, según consigna Johan Norberg, en su último libro "Progreso". Todas esas políticas en favor del libre mercado y el libre comercio, que en ese momento impulsaron como ejemplo para el mundo los conservadores-liberales Ronald Reagan y Margaret Thacher y que convirtieron a algunos países asiáticos, nada occidentales, en potencias mundiales. Chile se transformó así en lo que es hoy, a base de apertura unilateral.

El otro fenómeno que acompañó eso fue la creación de organismos internacionales. Que quede claro, no son "mundiales", sino "internacionales", y en muchos casos meramente regionales. Acá hablamos de extender las fronteras a ámbitos mayores pero mantenerlas, de gastar dinero en pagar políticos inútiles y en ceder decisiones fuera del ámbito del control republicano. El trumpismo dice poco de esto, está encaminado a controlar el comercio mundial, es decir, destruir valor económico. Es más, específicamente quiere poner todo el comercio en tratados, que requerirán más organismos de este tipo.

Hoy esos neofascistas son los que sostienen las falacias mercantilistas del siglo 17 y levantan los fantasmas del "dumping" y la manipulación monetaria para justificar el avance estatal sobre el comercio, como una "defensa".

La verdad es que el gobierno mundial no pasa de ser una hipótesis, que no se ha estudiado suficiente si realmente se podría constituir y qué tan totalitario podría ser o cuánto duraría. No se ve a quíen le convendría, salvo a un monarca capaz de ejercer un dominio así. Es casi de ciencia ficción. A lo que le tenemos que temer es a la transnacionalidad, que es una realidad, no una hipótesis, nunca a la globalización comercial.

Lo curioso es que recuerdo que allá por el principio de este siglo, cuando Estados Unidos iniciaba su campaña en Afganistan, casi todos los incautos, muchos coincidirán con los neofascistas, sostenían que una guerra no podía hacerse sin aprobación del Consejo de Seguridad de las Naciones Unidas. Con independencia de que aquella campaña haya sido justificada o no, se estaba cediendo el carácter sacrosanto a un organismo sin legitimidad alguna para algo así (aquél, un club de vencedores de la Segunda Guerra, nada más). Las guerras además no se justifican por estar "debidamente aprobadas". La guerra que los venezolanos tendrían que estar haciéndole a su gobierno, no podría estar nunca "debidamente aprobada", se justificaría por razones de fondo, sin que exista el árbitro divino que lo avale.

Lo peligroso es que se identifique justicia con autoridad. El nacionalismo es la máxima expresión de esa aberración.

7. EL MITO DE LA ENFERMEDAD MENTAL

Febrero de 2018

Tomas Szasz es un autor básico para el pensamiento liberal, aunque no tan difundido. Lleva el individualismo metodológico de la escuela austríaca a otro campo, al igual que Bruno Leoni que ubica las ideas de la libertad en el terreno jurídico. Szasz incursiona en la psicología, pero no nada más con un interés específico, sino en su relación con el estado y su utilización como amenaza a la libertad individual. Diría que hace una teoría austríaca del estudio de la conducta, más allá del comportamiento económico.

En su obra "El mito de la enfermedad mental" va directo a este punto, haciendo la relación del traspaso desde el pensamiento mágico y la asignación de "posesión demoníaca" de los individuos molestos, a la categoría "científica" de "enfermos mentales". La desaparición de la mitología demoníaca, coincide con el desarrollo de la idea de locura, ya no como una consecuencia de posesiones maléficas, sino de "cuestiones médicas". Señala, desde el individualismo metodológico, como la conducta no puede ser calificada de "enferma" o "sana", sino nada más metafóricamente y cómo ese uso después se confunde con una real "enfermedad". Y lo que es más importante, que es que lo que debe prevalecer al identificar ciertos comportamientos como problemáticos, es la opinión del "cliente". Es él y sólo él quien puede determinar eso, bajo riesgo de caer en lo que caracteriza como una verdadera dictadura terapéutica.

Enfermedad en realidad tiene el cerebro como órgano, lo que pertenece a la neurología. El cerebro tiene una función y nadie la discute, porque no hay cuestiones políticas involucradas. Por eso la palabra "enfermo" para caracterizar a una falla del órgano, no presenta polémicas.

La mera conducta, en cambio, ocurre en el terreno de la libertad y puede ser analizada desde el punto de vista moral. En esto consiste el principal aporte de Szasz, la caracterización de ella como "enferma" y su tratamiento como problema médico, no constituye otra cosa que un método de legitimación del control moral. El paciente de una falla neurológica no tiene que ser convencido de tratarse, pero incluso se le reconocería el derecho a no hacerlo. Pero al "enfermo mental" directamente se lo trata como un ser carente de voluntad y por ese mero subterfugio las mujeres que sus maridos querían abandonar, eran repentinamente catalogadas de "enfermas" de "histeria" e internadas. En la Unión Soviética, el contrarrevolucionario era considerado enfermo mental. Pero la cosa no era mucho mejor en este lado de la Cortina de Hierro, porque aunque no fuera por razones políticas, Estados Unidos siempre tuvo más internados psiquiátricos contra su voluntad y "por su bien", que la propia Unión Soviética.

El paralelo que se puede hacer con la manipulación de los términos en economía y en derecho es claro. Por eso lo de Szasz es importante, porque completa una teoría de cómo se manipula la realidad para que los grupos puedan controlar a los individuos, sea el estado, las familias o las religiones con trampas parecidas. La primera de ellas es tratar a los individuos como meros miembros de un colectivo. Así el individuo discordante es el problema, no el grupo que lo quiere "transformar". Siempre hay una búsqueda compulsiva de la "normalización".

Es muy peligroso hablar de conducta normal. Pero mucho más hacerlo en términos médicos, disfrazando la intención compulsiva de ciencia y de asistencia. Las conductas raras que no representan un daño a derechos de terceros, deben estar fuera del control estatal. En ese sentido, la psiquiatría institucionalizada, priva de la libertad a las personas con el apoyo del estado, es una extensión de su poder coactivo. La locura es utilizada para quitarle a la gente sus bienes. Decir "enfermo mental" lleva la intención de negar el carácter de persona del individuo, lleva a poder prescindir por completo de sus deseos, que no son siquiera deseos, son "fallas" respecto dos parámetros de normalidad.

Por eso no es casual para nada que haya tanto palabrerío pseudo médico a la hora de etiquetar a personas como enfermas, cuando lo que hay por detrás es una mera censura moral, no defendida como tal, es decir como una censura antiliberal, sino como una profilaxis casi. Szasz enseña cómo las enfermedades mentales no son realidades objetivas sino mero etiquetado, a través de su historia, y diferencia a la psicología al servicio de un cliente, de sus problemas definidos como problemas por él mismo, de la psiquiatría como intervención externa mediante la asignación de apelativos descalificadores a conductas determinadas.

La descripción de las enfermedades mentales como algo "objetivo", externo al requerimiento del cliente (no paciente), se acelera después de la segunda guerra mundial, cuando el estado necesita asignar pensiones a gente afectada por los traumas de la guerra. Es entonces cuando se le pide a la Asociación Psicoanalítica Norteamericana que haga un listado de enfermedades, que no se había hecho hasta entonces. Pasa con esto lo mismo que ocurrió con el derecho. Aquél listado pretendía ser una compilación, no un acto legislativo de "creación" o "legitimación" de lo que era una "enfermedad mental". Pero como el mundo se fue estatizando cada vez más, se le empezó a dar ese valor. Igual que pasó con el derecho privado cuando se perdió como tal, en un proceso que Leoni cuenta como nadie. No se vota en ningún lado qué es una apendicitis, simplemente está en los manuales médicos y, por supuesto, cualquiera lo podría discutir. El sinsentido es lo que ocurre en la actualidad, en que las "enfermedades mentales" son producto de un acto legislativo y la discusión es acerca de las formalidades con las que tal acto legislativo se llevó a cabo o si fue hecho bajo presión. Las enfermedades, así, se podrían anular en los tribunales.

De ahí la gran confusión que tiene todo este movimiento católico político al intentar desviar la atención sobre los degenerados pedófilos que protege la Iglesia, al levantar los fantasmas de la invasión "cultural" del marxismo y encantarse con la aparente justificación que lo que llaman ciencia, ese decreto de enfermedades al que le asignan a su vez carácter legislativo y científico, a todos sus prejuicios. Entonces se empeñan en demostrar que el acto legislativo de excluir a la homosexualidad en los manuales más recientes, es ilegítimo (repito, en términos de voluntad política), pero ese mismo acto legislativo de incluirla es la piedra filosofal de la ciencia de la "conducta debida".

La Iglesia inquisitorial, por supuesto, era la principal proveedora de mitología demoníaca para explicarse lo que le pasaba a los que no le obedecían. El apego a una nueva ciencia que consiga los mismos resultados prácticos, a ese tipo de catolicismo inquisidor, le sirve como anillo al dedo.

Lo cierto es que lo cultural característico del liberalismo es el respeto. La mejor enseñanza para eso no está en los gurúes moralistas ni en las religiones, por cierto, sino en el comercio. El respeto y la tolerancia se extienden gracias al beneficio que se obtiene de aceptar a los demás como individuos libres. No hay una versión mojigata del liberalismo, ni hay un ambiente opresivo donde pueda desarrollarse o sobrevivir. El oscurantismo, el colectivismo y los fantasmas son perfectos, en cambio, para otra perturbación "mental" llamada marxismo, porque también se basa en una teoría conspirativa colectivista y en conductas que los individuos deberían tener de acuerdo a un estándar externo a ellos mismos.

8. INSTRUMENTOS DE MANIPULACIÓN

Enero de 2018

Les recomiendo buscar en Youtube la descripción de los experimentos de psicología social que voy a mencionar. Son fundamentales para entender los mecanismos de manipulación de masas.

El primero se refiere al experimento llevado a cabo por Salomon Ash en el año 1951, el segundo acerca de otro experimento, que dio lugar a la película La Ola, realizado por Ron Jones, un profesor de historia de la Escuela Superior Cubberley en Palo Alto (California).

Hay otros varios estudios realizados en el campo de la psicología social que ayudan a entender el comportamiento político, la presión y la tensión de los grupos y cómo la gente puede ser fanatizada y hasta cambiar su percepción, para adaptarse a su círculo. Algo que es especialmente peligroso cuando se realiza con intención.

El primero muestra cómo los individuos en general, porque siempre hay una minoría que resiste, se siente compelida a ver las cosas como la ven en su grupo de pertenencia, aunque tengan que desconfiar de su propia percepción en contrario. En el proceso de fanatización esto se acentúa, pero ocurre mucho antes. Lo hemos visto ocurrir con los kirchneristas, pero también lo vemos con el PRO y Cambiemos, y hasta liberales. El tipo de presión que se ejerce para que los individuos se reprogramen influye. Mi interpretación de liberales convertidos en nacionalistas, proteccionistas, inquisidores sexuales y hasta racistas, en mayor o menor medida, está fundada en gran medida en las enseñanzas que salen de este experimento.

He visto operaciones para reprogramar liberales con consignas al estilo "si no se aceptan estas opciones porque se pone en peligro Occidente, que es católico, sin lo cual no hay capitalismo", entre otras, con tono imperativo, viniendo de distintas fuentes y con un claro mensaje de segregación. Siempre bajo la falacia de que si se aceptan ciertas opciones personales se cae en la perdición del "marxismo cultural", para todo aquél que no adhiera. Antes, por lo menos, tenían la honestidad de llamarle a todo eso "pecado". Después se transforma en la obligación de venerar a Donald Trump, a Macri y ya vendrán otros más explícitos. También he visto en este par de años a muchas personas adaptarse a esa percepción y dejar las ideas en las que se ha basado toda la vida, como una forma de ser parte de la comparsa.

Para aclarar, no creo que sea incompatible la religión con el liberalismo, lo que es completamente opuesto es el uso de la religión como doctrina política y de estado. Eso no está ni mínimamente cerca del liberalismo, es su opuesto. Lo cristiano o católico y hasta lo nacional o cultural, es importante decirlo, son accidentes. Esto se puede hacer con cualquier agrupación colectiva que conlleve una cierta obligación del individuo de postergarse. Cuanto más abstracta y permanente mejor. Son instrumentos para instalar el "nosotros", como una acreencia que pesa sobre la persona individual, que es la que actúa, la que tiene intereses y deseos propios, así como gustos, a la que hay que controlar porque es la materia prima de toda alma infame y megalómana. El que no pueda ser mejor que vos y no acepte comerciar para obtener tus valores, intentará aplastarte, hacerte menos importante, creando una fantasía superior que te haga ver pequeño o, peor, que te obligue a ser pequeño.

La "identidad" que provee la "cultura", un panteísmo

directamente, aunque ligado a la estrategia de la Iglesia oficial que crea una entidad colectiva "nosotros" con un "alma", llamada cultura occidental y cristiana, que nos une, de la que somos parte como de Brahama, que nos hace "ser lo que somos", sin lo cual "no puede haber capitalismo". Pero el capitalismo, al contrario, civiliza a cualquier población. De hecho sin él, occidente sería la caverna que fue durante la Edad Media.

El que no está con eso "es un tonto" o un "marxista cultural". Por eso, para ser capitalista hay que ser mojigato en lo sexual, militante de eso, fijarse en el color de la gente, despreciar a los inmigrantes, creer que hay una conspiración para instalar un gobierno mundial y, de acuerdo a esa fantasía, oponerse incluso al libre comercio ¿En nombre de qué? Otra vez, del anti marxismo cultural y del "verdadero" liberalismo, que, si se sigue receta con cuidado, tiene todos los componentes del antiliberalismo de siempre.

Es ese falso juego identitario el que parece sacado de la película La Ola para hacer olvidar a la gente que lo es y embarcarla en "la causa". Si reflexionaran verían como están repitiendo cosas contrarias a las que decían un par de años atrás. Se une al fenómeno la renuncia a la propia percepción. Se está vendiendo un colectivismo en el que las ideas, las instituciones políticas liberales, el individualismo, no valen nada, sino aquellos colectivos que, como en el experimento de Jones, nos hacer renunciar a la individualidad, en función de la "nación", la "religión" y la "patria". Esta última ya no es un cadalso para estos liberales reformados, sino un límite a un "gobierno mundial" cuya única manifestación es una serie de teorías conspirativas, que empiezan por considera a las fronteras como el resguardo de todo. U organismos supranacionales, que no existirían sin las naciones que lo forman. Ahí no está el problema, esos organismos deberían desaparecer hoy. Pero el buzón está en el nacionalismo "anti gobierno mundial". Porque si rige el nacionalismo, tu nación es el único mundo al que tenés acceso, por lo tanto se te convierte, tu propio gobierno, enel mundo.

Destaco los estudios en cuestión, porque nos permiten entender los comportamientos. Me ha tocado vivir cosas insólitas como una persona que publica en Facebook que me deja de seguir en Twitter, cosa que por supuesto me da igual, como si fuera un acontecimiento, dándose por ofendida por nada, porque, interpreto, eso le permite mantenerse dentro del grupo cuya veneración a Trump es el primer requisito del rito de iniciación. De ahí el valor de hacer una declaración "pública".

No es casualidad que aquellas investigaciones se hicieran a partir de la década del 50. Todas buscaban encontrar los procesos de creación del nazismo. El de la Ola en particular, responder a la ingenuidad de "aquí no puede pasar". Pero pasa, pese a las ideas, porque si hay algo que se da de patadas con todo ese pensamiento es el liberalismo. Si todo el ambiente se vuelve pesado, es por "derecha y por izquierda", por simplificar, se está jugando a lo mismo, a la manipulación agresiva.

El hechizo se rompe mostrando el truco, este artículo y mi invitación a que busquen los videos y reconozcan las situaciones como algo actual que pasa a nuestro alrededor.

9. SHITHOLE THINKING

Enero de 2018

La frase atribuída a Trump fué: "Why do we want all these people from 'shithole countries' coming here?" (¿Para qué queremos toda esa gente de países de mierda viniendo aquí?).

El primer error es el uso de la primera persona del plural ¿Quiénes son "ustedes" señor Trump? ¿Los norteamericanos? Resulta que los norteamericanos quieren gente que venga de países de mierda, de países maravillosos y de países mediocres, porque contratan con ellos como individuos con independencia del lugar del que vengan. Unos cortan el pasto, otros son ingenieros, algunos invierten en un negocio, y los que hacen tratos con ellos parecen estar conformes. No habría el número de inmigrantes "legales" e "ilegales" que hay, si no hubiera demanda por parte de personas privadas, que están dentro, interesadas en esos contratos.

La inmigración no es un trato con un país, salvo que, obviamente, el país tiene sus reglas y por más que se venga a contratar un hotel, una casa o un trabajo, estas deben respetarse, con algunas salvedades que voy a hacer, para escándalo del agobiante estatismo que hizo posible, entre otras cosas, al señor Trump. Lo importante en este punto es entender que la inmigración es individual e involucra contratos privados, que la legislación migratoria y la política colectivista migratoria intentan impedir, en función de unos objetivos colectivos, cuyos costos no pagan los que los propician.

Cuando se impide a la empresa tal contratar al señor Juan Pérez, el costo de esa prohibición lo pagan la empresa y sus clientes y el "beneficio espiritual" (de un espíritu de shithole) es de todos esos nacionalistas que imponen sobre el mundo contractual restricciones en función de su moral de shithole. Aunque probablemente cada uno de estos últimos realiza contratos todos los días que se hacen posibles gracias a gente que inmigró al país. El propio Trump lo ha dicho, sus hoteles están llenos de gente de los países latinoamericanos que calificó de esa manera. El periodismo se haría una fiesta si averiguara cuántos noruegos y cuantas personas de shithole countries tiene. Y entonces los fanáticos de Trump lo podrán victimizar, porque, pobrecito, es una persona a la que atacan mucho. El es un primor y no lo entienden.

Va la aclaración sobre las reglas. Ninguna persona con cerebro entiende que tiene que someterse a una regla arbitraria o que hay algo de malo en trabajar, contratar o que no tenga derecho a competir por una oferta de empleo porque su obligación sea favorecer a otro que es menos hábil o no quiere trabajar por la misma plata. Es una gran cosa que piensen así y no se sometan al estatismo colectivista que supone que un inmigrante tiene menos derechos que alguien nacido en el país. La Constitución Argentina expresamente lo dice: los extranjeros gozan en el país de los mimos derechos que los nativos. Por desgracia, demasiada gente ha sido inyectada con el concepto de ley como sinónimo de obediencia. Pero ley es sinónimo de derecho y el aspecto coactivo únicamente se justifica en cuanto es la restauración de derechos dañados, no de la mera voluntad estatal. En los Estados Unidos esto tendría que estar más claro que en los que están condenados por la tradición jurídica continental. El common law es un derecho de producción dispersa que nace de los contratos, las prácticas en los negocios y en los asuntos privados y su interpretación y aplicación por jueces. El common law, el derecho que debe respetarse, no es la producción legislativa colectivista, de fines estatales o de fines de los políticos o de fines de los shithole nacionalistas, es el contractual, privado, libre, derivado de los derechos de propiedad. Y eso no es algo que tenga que ver con el lugar en el que nació aquél al que se le aplica. El derecho es único, no múltiple, porque nace de la práctica privada. Lo que viola el common law es la regulación migratoria proteccionista que es una restricción administrativa al mismo. No violaría el common law la legislación que, por ejemplo, impidiera el ingreso de criminales. Esa sería la función legítima del estado en la frontera. El estado no cambia de naturaleza por el lugar donde alguien haya nacido cuando se relaciona conél. Los ex liberales que siguen a Trump y le justifican cualquier cosa con el mismo nivel argumentativo que tenía la Cámpora con los Kirchner, pretenden que la frontera sea un lugar para el ejercicio libre e ilimitado del poder contra extranjeros, en nombre de un "imperio" estatal que le cambia por completo la naturaleza. Esa no es la "law" del rule of law, sino el imperio fascista de la ley administrativa, justificado porque la víctima no nació en mi barrio. Agarraron el pensamiento de los padres fundadores y lo convirtieron en exclusivo para ellos y asumieron que los individuos que no nacieron ahí no comparten la naturaleza humana. O lo que es peor, que el capitalismo requiere un tipo humano particular. No advierten siquiera, como si jamás hubieran tenido acceso a un buen libro, que una vez que el estado es definido con los extranjeros como ellos lo definen, también cambiará en contra de ellos mismos. De hecho, como ya lo he dicho antes, todo nacionalismo es una guerra interna. Lo que impide son los contratos de extranjeros con la gente de adentro. Eso es lo que piden estos liberales convertidos.

La segunda gran cosa que no entiende el señor Trump es que ningún país es mejor porque su gente sea mejor, si diéramos por sentado que colectivamente hubiera gente mejor que otra. La gente de Corea del Sur, uno de los países más prósperos del mundo, no es mejor que la del Norte, probablemente estén mucho mejor educados, como consecuencia del capitalismo, como consecuencia de respetar los contratos privados y la autonomía individual, no de la genialidad de sus individuos. El capitalismo es un sistema de colaboración, su producto es consecuencia de la libertad individual para contratar, no de la virtud de las personas en sí. Menos aún del color y el aspecto que es lo que a los trogloditas les parece distintivo. Esa misma libertad contractual que las políticas migratorias chauvinistas impiden. La Alemania socialista era un fracaso y la Alemania libre era un éxito rotundo. La Argentina antes de Perón era una gran promesa para la humanidad y a partir de él da lástima. Singapur era una gran aldea y cuando cambió sus reglas de juego se convirtió en lo que es hoy. Estados Unidos sin mercado libre sería Africa.

La tercera tontería implícita en la frase, confirma el comunismo que hay detrás de todo colectivismo. Es absolutamente falso que el mercado incluya sólo genios, el mercado los quiere a todos, todo el mundo puede aportar algo y cuanto más rico es un país, más en condiciones está de sumar más riqueza incorporando la colaboración de cualquiera. El valor de los menos habilidosos aumenta por estar rodeado de gente mejor que ellos y los más habilidosos se ven beneficiados por la posibilidad de que otros con menos habilidades les saquen tareas para ellos improductivas de encima. Ni es el gobierno el que debe determinar el nivel intelectual o de preparación de los inmigrantes, ni éste importa para nada. La política de que el gobierno, lleno de gente incapaz encima, sea el que determina que los inmigrantes tienen que tener determinado nivel intelectual, no tiene sentido alguno. La calificación que se requiere es la del que empleará a las personas y para comprar o vender bienes en dentro del territorio de un país, se necesita la suma necesaria, nada más. Cuba está llena de profesionales viviendo de la prostitución. Si algo habla bien de los Estados Unidos y de su éxito, es como siempre ha atraído a gente pobre de todo el mundo, contrariamente a lo que piensan los comunistas, que es un lugar de privilegios para ricos en contra de los pobres.

La cuarta cosa es que el inmigrante por regla general, lo que no quiere decir que no haya excepciones, está más dispuesto a sumarse al proyecto político de fondo de los países capitalistas como los Estados Unidos, porque eso es lo que los atrajo en primer lugar. Contrariamente a los nativos, que simplemente nacieron, los que vienen de afuera lo eligen. Estados Unidos no sería lo que es si no hubiera estado abierto hasta hace algunas décadas al menos, y no será lo mismo si se termina de cerrar. Basta ver la historia de la ciudad de Nueva York, para darse cuenta de lo que los Estados Unidos son, no es lo que dicen los Trump ni nunca lo ha sido. Los inmigrantes le deben este país a los Padres Fundadores, tanto como se lo deben los nativos que no entienden de qué se trata el sistema, como el nieto del primer Trump.

Es vergonzoso ver a liberales trumpistas intentando hacer malabares para justificar o cambiar el sentido de lo que dijo Trump, sobre todo cuando provienen de shithole countries o permanecen en ellos. Es de ustedes de quienes habló Trump y todo ese esfuerzo por reinterpretarlo o justificarlo, habla muy mal de ustedes, no de él. Tal vez de verdad se sientan menos que los noruegos o crean que Trump es su amo o los imbéciles supremacistas que es de lo peor que tiene este país. Entonces ejercen ese tipo de racismo del perro apaleado, del que quiere ser rubio, de ojos celestes y noruego, sin serlo, nada más simulándolo mediante la sumisión según estándares de un felpudo, para sentir en su imaginación que el señor Trump les palmea las cabecitas y les dice "no te preocupes, de vos no hablo, seguí mordiendo el hueso".

10. CONSERVADORES VERDADEROS Y FALSOS

Diciembre de 2017

El término "conservador" es relativo. No es lo mismo serlo en la Argentina de principios del siglo XX que en la Cuba de Castro o en la España de Franco. La identificación partidaria "conservador", sin embargo, puede perdurar, adquiriendo un sentido propio, aún después de que un orden que se quería mantener, ni siquiera existe más. Así es que lo "conservador" en la Argentina, era la adhesión al sistema liberal que se perdió con la mortal combinación de Yirigoyen y Perón.

A su vez, conservador en las costumbres, es no aceptar el modernismo o la evolución del comportamiento humano. Se lo puede ser respecto de la liberación de la mujer, el matrimonio gay, el topless, el teléfono celular o cualquier otra cosa. En ese sentido, en la medida en que esas posiciones son privadas, ni siquiera forman parte del debate político. Una sociedad libre es una en la que nadie está obligado a que le guste nada, ni se le puede impedir a nadie que le guste algo, por lo tanto, los gustos y la política no tienen relación.

Ahora viene lo del falso conservadurismo y falso liberalismo, que están invadiendo todo en la actualidad, con gran fascinación entre gente que parecía apolítica hasta hace un par de años.

En el ámbito privado y desde el punto de vista del respeto a la libertad individual, da lo mismo ser ese "conservador" que tener una vida, costumbres o convicciones opuestas. Toda esa corriente identificada con lo "paleo" – cavernícola – intenta sostener que lo "verdaderamente humano", lo anterior a lo "modernista" y "posmodernista", es lo tribal, blanco, monógamo, heterosexual, con mujeres en la cocina y hombres que trabajan, hijos rubios y el desprecio y exclusión de los demás. Pero, aclaran, esto lo creen "liberalmente", es decir, sin imponerlo sobre los demás, únicamente en ejercicio de su propia libertad. Sin embargo, sostienen que lo que no se ajusta a su modelo de revista de los años cincuenta, es "marxismo cultural", son costumbres destinadas a destruir al capitalismo, una amenaza como lo era el marxismo. No explican mucho más que eso sobre el proyecto de poder del "marxismo cultural", pareciera que es una conspiración para acabar con la heterosexualidad, sobre todo con la masculinidad, pero no se sabe cómo se llega así a la estatización de los medios de producción. Ya lo explicarán. Solamente parece que el marxismo era una falsa lucha de clases, pero el "marxismo cultural" trae una verdadera lucha de comportamientos privados. Esta vez el marxismo parece que tiene razón en señalar esta disputa, solo que ellos están de un lado y los "conservadores" de otro. Como si a la rebelión del proletariado se le respondiera con la supremacía del capitalista.

La consigna de este movimiento es despreciar todo lo "enfermo", "antinatural" y distinto, lo más públicamente posible, dando charlas sobre lo degenerados que son todos esos "raros". Esta versión es un poco más que la del "buen salvaje"; es directamente la de lo bueno que es ser salvaje. Así se vanaglorian del desprecio que convierten en memes y se festejan entre sí. Ya comparten imágenes de Hitler y hacen chistes racistas. Pero ojo con llamarlos racistas porque se ponen muy sensibles y se sienten estigmatizados. Ellos, nada más, ejercen su "libertad de expresión".

Como se ve, para la postura "paleo", no es posible ser partidario de la libertad sexual, de las familias ensambladas o consensuadas de otra manera o, inclusive, considerar ni parcialmente válida la visión de género. Tienen incluso un remedio mágico para no considerarlas opciones, que es llamarles "enfermedades", cosas contra natura, que sería un orden que ellos conocen como "objetivo", en base a estadísticas o a decisiones políticas, como las que "crean" las "patologías" mentales. Es decir que no son fascistas sino médicos psiquiatras, algo así. Estar contra la estadística, convierte a los individuos en anormales, desviados y por lo tanto marxistas. El individuo libre, ese que descubre el fuego, como cuenta Rand, parece ser, es el primer anormal, el primer "marxista cultural".

Entonces aquello de que ejercen su modo de entender la vida en el ámbito privado se complica, dado que sus costumbres son el centro del debate político. Incluso los liberales que simplemente se quieren mantener como siempre, como liberales que no se meten en cómo viven los demás, son llamados marxistas y excluidos de su mundo rosa. Perdón, rosa es marxista, de su mundo blanco.

Tanto es política esta posición y no privada, que es lo que los une como proyecto. No están aliados a gente con otras opciones de vida en función de que todos quieren ser libres de discriminarse. No es que imaginan un mundo de tribus con costumbres muy distintas unas de otras, sino que creen que lo único liberal es su miedo a que su pequeña visión de cómo debe ser la vida, se vea amenazado por la mera aceptación de otras alternativas, porque su postal grupal es la única liberal de verdad. En el ideal "paleo" no hay tribus orgiásticas, o que intenten cambiar los roles de género, con polleras para los varones, como los escoceses, tal cosa no puede considerarse parte de la libertad, porque "la naturaleza" no lo permite y, en eso, ellos son casi ecologistas.

Esta es la primera generación de liberales que se identifica con el nacionalismo católico, que fue la primera versión de antiliberalismo posterior a la Constitución del 53 y también el enemigo mortal del "conservadurismo" de la época, que era liberal. Además es el origen del peronismo. Todo por medio de este subterfugio de lo "paleo".

Lo curioso es que, como mencioné antes, todo este movimiento creció entre los que estaban alejados de la política porque era muy "contaminante". De repente salieron con estas posturas integristas llamándolas verdadero liberalismo a pronunciar a los cuatro vientos una identificación partidaria con cualquier cosa que se oponga a lo que les perturba que es que la gente a su alrededor cambie hacia algo que les da temor.

No me parece una casualidad que el foco haya pasado de la prevención a las tácticas gramscianas de desbaratar conceptos y producir caos, para generar las condiciones de una revolución socialista, hacia la Escuela de Frankfurt, un grupo bastante heterogéneo de intelectuales marxistas, cuya primera motivación fue la crítica al crecimiento del nazismo en Alemania. Ese fue el subterfugio por el cual lo "paleo" se transforma en algo muy cercano a lo "nazi", y vincula al "liberalismo de verdad" con el nacionalismo católico, que es nazi orgullosamente. El nazismo era, en primer lugar, la recuperación de las "costumbres puras del pueblo alemán".

Ahora bien, cierto modernismo es tan autoritario como este "paleo" costumbrismo y la realidad es que, este supremacismo no es más que la reacción patológica a su avance mediante el uso del poder. Me refiero a la imposición de la visión de género, no al sostenimiento como teoría, sino a poner al estado a cambiar a la sociedad según esa perspectiva. También a hacerlo en ámbitos como el universitario, sin respetar, igual que los paleos, posiciones distintas. Es decir que, en lugar de sostener que sería mejor, por las razones que sean, que se pensaran los roles de los sexos de una manera diferente, con un espíritu igual de fascista, se propone reconfigurar a la sociedad en un ejercicio de ingeniería social moralizante.

A eso mucha gente reacciona con un espíritu autoritario en sentido contrario. No ocurrió con las igualmente equivocadas políticas de "discriminación positiva" que llevan varias décadas, se ve que tocar cuestiones de roles sexuales despierta muchos más miedos. No le llaman "marxismo cultural" al avance del estado sobre sus costumbres (que no sería marxismo sino mero estatismo o fascismo), sino que sostienen que las suyas son las válidas, que su blancura debe prevalecer, porque cualquier otra forma de vivir es marxista. Es decir, son iguales a sus oponentes y además les dan la razón.

Si hay gente que piensa que se podría vivir mejor con roles de sexos opuestos, diferentes o más variados, eso pertenece al campo de la discusión teórica, en un ámbito absolutamente diferente a la política. Podría ser completamente equivocado, podría abrir la cuestión a nuevas explicaciones y generar un montón de preguntas que amplíen el conocimiento. La política con esta discusión no tiene nada que hacer.

La posición liberal respecto de todo esto es dejar a la gente en paz vivir como quiere. Si hay mujeres a las que les gusta vivir horneando tortas, la sociedad, el estado y la política no tienen nada que decir al respecto. Si hay otras que quieren hacer familias con gente del mismo sexo o mujeres que quieren dedicarse al mundo empresario o lo que fuera, la misma fórmula, dejarlas en paz y que ni la sociedad, ni la política, ni la filosofía política digan otra cosa de ellos que no sea que simplemente nadie se meta con lo que eligen. Llamarle "marxismo cultural" a este segundo grupo, es una forma de fascismo. Lo esconden luego como "libertad de expresión". Que claro que la tienen, como la tienen los marxistas. Ellos pueden hablar de que los empresarios son los explotadores de los obreros, pero eso es lo que los hace marxistas, no liberales.

11. EL NAZISMO MANTEQUITA

Noviembre de 2017

El fenómeno de esta época no es la izquierda tradicional, cuya hegemonía venía siendo abrumadora en el mundo de las ideas y que, en su última etapa, ante la endeblez de su argumentación, había optado por la "no explicación" consistente en el populismo. Laclau reemplazó la racionalidad errónea del marxismo, con la hegemonía del caudillo, conductor de todas las víctimas unidas, para hacer con él de victimarios. Esto es, la irracionalidad del sometimiento. Por eso es la no explicación, es nada más que el resentimiento puesto en acción.

Pero como digo, ese fenómeno está siendo reemplazado en el centro de atención, por una izquierda de derecha. La mayoría le llamaría "ultra derecha" pero así es como los marxistas bautizaron a sus hermanos nacional socialistas, ignorando a la tradición conservadora y liberal, que, para mayor confusión, se empezó a llamar "centro". Para no irnos por las ramas, la izquierda de derecha es colectivista y nacionalista, como el resto de la izquierda post-marxista, pero también es xénofoba y "malista". La izquierda de Laclau es "buenista", ellos ejercen el poder absoluto en nombre de su bondad por las minorías postergadas, mientras que del otro lado no han logrado argumentar y eligen abusar del poder en nombre de cualquier maldad disponible.

Muchísimos liberales que se mantenían apartados de cualquier cuestión que los tuviera que hacer enfrentar con la izquierda agresiva, ahora se refugian en la nueva izquierda de derecha agresiva, como si se hubieran conseguido su propio matón de barrio, solo que este matón no se agarra con los otros matones, sino con inmigrantes, minorías sexuales, gente "anormal", de otro color que no sea blanca y extranjeros en general. Con ello afectan, que es lo importante, a cada individuo etiquetado como perteneciente a esos grupos. Ellos, como sus antecesores los nacional-socialistas, son víctimas de todos ellos y los desprecian, porque están destruyendo su sociedad occidental, cristiana y blanca. Su agresión es una "defensa" contra esos conspiradores del "marxismo cultural". No hay el mismo enfrentamiento con la izquierda, esa batalla a los malistas les resulta un poco ingrata.

Esta derecha de izquierda se declara a sí misma una minoría que es víctima de no ser reconocida como superior. Si se les discute se consideran agraviados en su "libertad de expresión". Es cierto que la izquierda está matando la libertad de no ser de izquierda, pero la izquierda de derecha viene a vender su supremacía y a quejarse de que no sea reconocida. El que no esté de acuerdo, viola su "libertad de expresión" ¿Cómo demuestran que tienen razón, que son superiores? Pues porque tienen libertad de expresarlo, como los marxistas tienen derecho a expresar lo que dicen, sin que eso les dé razón. La izquierda de derecha le tiene miedo a los de la izquierda tradicional, pero son malos con todo tipo de minorías que los hacen sentir fuertes al patotearlos y calificarlos. Es un nazismo mantequita.

La izquierda tradicional se volvió muy contradictoria al hacerse nacionalista, contra la invitación marxista a la unión de los proletarios del mundo. La izquierda tradicional empezó a protestar contra la globalización mucho antes que la izquierda de derecha. También se contradijo al llevar adelante una economía nacional socialista, sin estatizaciones, sino con fuerte regimentación económica, se decir con conculcación de hecho de la propiedad privada, como se hizo en Venezuela, Argentina, Ecuador, Bolivia y Nicaragua. Esa economía no es compatible con el marxismo porque, de acuerdo a la teoría de la explotación, pone al estado a hacerse socio de la plusvalía, en lugar de eliminarla con la estatización de los medios de producción.

La izquierda de derecha tiene sus propias contradicciones. En primer lugar, haber adoptado el nacionalismo, proteccionismo y la lucha contra la globalización de la izquierda extrema, pero hacerlo en nombre de la derecha. De ahí su denominación. En segundo lugar, su nacionalismo ejercido como causa internacional. Los nacionalistas argentinos son fanáticos de Donald Trump y de los nacionalistas británicos, con quienes hasta debería separarlos una guerra, o dos. Como le señaló alguien a Donald Trump hoy, no puede festejar el #BRITAINFIRST y el #AMERICAFIRST al mismo tiempo. Este disparate de los nacionalismos, cuyo leitmotiv es construir muros, considerar a los extranjeros como una amenaza y a los productores de otros países como los causantes de los males económicos, debería tener como consecuencia que, de todos los extranjeros, sus peores enemigos sean los otros nacionalistas. No pasa esto sino lo contrario ¿Por qué?

La razón es algo que he dicho antes. El nacionalismo es una falsa lucha externa, es una lucha interna. Es contra los individuos de adentro que no se someten a la causa de los nacionalistas. Los nacionalistas tienen menos problemas con los extranjeros que con los "nacionales" que no se colectivizan bajo sus entelequias esclavizantes. Les molestan los que no se arrodillan ante su bandera, más que los que veneran a otra. El nacionalismo es un método para concentrar poder, para agrandar al estado, por las razones más estúpidas; es la conversión del estatismo en una cuestión espiritual.

12. NI INMIGRANTES, NI ARMAS, NI LOCOS

Noviembre de 2017

Devin Patrick Kelley, el asesino de Texas, tenía la licencia de portar armamento denegada por haber sido dado de baja de las Fuerzas Armadas, de manera que no puede haber mejor ejemplo de la inutilidad de la prohibición. En este caso, la prohibición existía para este asesino. La violó y listo. En cambio fue perseguido y tal vez ultimado por dos individuos que sí las portaban legalmente, que, aunque lógicamente no pudieron prevenir el asalto, lo alcanzaron antes que la policía. Kelley tuvo armas legalmente, cuando se las suministró el estado, al que se le quiere facilitar el monopolio, no del uso de la fuerza sino de la fuerza en sí.

El señor Trump, fiel a su arbitrariedad, adopta tonos y les da un interés distintos a las matanzas, según le sirvan o no para su política migratoria, basada en que los problemas de los Estados Unidos son ocasionados por los extranjeros. Así que en este caso lamentó "la matanza" y atribuyó la autoría al subterfugio habitual: "la locura". En eso se parece a los que adoptan la posición simplista de terminar con la segunda enmienda, para ambos la responsabilidad individual no existe. O es por objetos inanimados como las armas, o es por personas sin personalidad, como los "locos". Estamos todos en peligro en este país, porque en las agendas de ambos partidos o facciones, la seguridad y las amenazas reales, no existen.

Ahora veamos el problema del "loco". La locura no explica nada justamente, es como un gran agujero negro de la psiquis, donde las acciones no son causadas. Pero lo cierto en este caso es que este sujeto estaba "altamente medicado", con lo cual no podemos saber aún, si es que en algún momento se investiga, si su conducta es producto de la "enfermedad" o del tratamiento. Como no se estudian estos casos, solo se suman lamentos o pedidos de terminar con las armas, no se presta atención a esta posible consecuencia de la "legalidad" psicofarmacológica, por la cual hay drogas psicoactivas que son prohibidas, otras que requieren autorización y unas terceras que son obligatorias, como señalaba Thomas Szasz. Pero éstas últimas, lleven a la consecuencia que lleven, están bien. Ese es el motivo por el que la crónica habla de "altamente medicado" y no de "drogado", ambas denominaciones refieren al lugar que la decisión política livianamente llamada "ley" le asigna al consumo de fármacos.

La relación entre drogas recetadas y homicidios masivos ya se ha hecho con anterioridad, pero nadie parece prestarle atención al problema. Está fuera del foco, porque se aprende que drogas dadas por médicos son buenas, elegidas por el consumidor son malas. Esos conceptos son los que nos ponen en peligro.

13. MITOLOGÍA MERCANTILISTA DELIRANTE

Octubre de 2018

Un documento revelado por The Washington Post, atribuido a Peter Navarro (un apellido nada nativo) y cuya autenticidad fue confirmada por dos fuentes, según el diario (Navarro es asesor de Trump y director de la oficina de Trade and Manufacturing Policy de la Casa Blanca), señala que una disminución del sector de las manufacturas, como consecuencia del libre comercio, traería un incremento en los divorcios, el consumo de drogas, los abortos, la infertilidad y la violencia matrimonial. Digamos que, tal vez, el "marxismo cultural" sea, en definitiva, una consecuencia del comercio.

Esta oficina promueve el fin de los tratados de libre comercio con Corea del Sur, un aliado fundamental de los Estados Unidos, envuelto en el conflicto más peligroso del mundo en este momento, y también con México y Canadá. Desde ya, el entorpecimiento del comercio traerá desgracias de ambos lados de la frontera, donde negocios que existían dejarán de hacerlo, dado que el intercambio beneficia a ambas partes, algo que el mercantilismo, con el fetiche de la balanza comercial, no logra comprender. Pero este documento demuestra el alto grado de mistificación con la que se conduce la actual administración y su relación con sus fantasmas morales-religiosos, demostrando una alta dosis de irracionalidad.

Alguna cosa deberían explicar los que vendieron a Donald Trump como un libertario que estaba esperando ganar las elecciones como un peronista, porque era muy sagaz y entendía, como entendían los que nos decían esto, de que la iba el juego electoral, esto es, de mentir. Más pruebas de que Trump era Trump ya no se necesitan. Pero en tren de justificarse, nos decían que todo era para la gente, porque detrás de ese discurso nacionalista, xénofobo y básicamente tonto, se escondía un genio, un cuasi anarco capitalista. Después el discurso de los vendedores fue virando, hasta parecerse más al del Trump de la campaña, entonces su fascinación ya no respondía a una ilusión sino a un cambio abrupto de principios.

Este presidente retira a Estados Unidos de la UNESCO, lo cual es una gran noticia, aunque el problema general son las Naciones Unidas en sí mismas. Algunos siguen prefiriendo encontrar la mosca blanca que mantenga la ilusión de que este gobierno es un milagro, pero por cada una de esos aciertos, vienen diez aberraciones típicamente populistas al estilo latinoamericano.

14. FAKE TRUMP

Octubre de 2017

Está pasando, guste o no. Más allá de Trump y su personalidad, hay una escalada que parece quirúrgicamente planificada para avasallar todos los frenos y contrapesos que interfieren la instalación de gobiernos absolutos, basados en la división de la población y el control moral.

Hay pequeños avances en esa dirección, un cambio de retórica hacia cosas que antes se hubieran considerado inaceptables. Todo empieza por una retórica. La gente se acostumbra y los trumpistas consideran que cualquier crítica a Trump es una conspiración; espíritu que el presidente alimenta con estas manifestaciones.

Hoy tenemos que es válido pensar en revocar licencias, que el estado se arrogó que puede otorgar para transmitir imágenes de televisión, porque según él las noticias son falsas. Los mismos argumentos con los que Chávez empezó cerrando RCTV años atrás. Como los fanáticos de Chavez defendieron aquello, los de Trump defenderán esto. En ninguno de los dos casos caben los que apoyan de modo condicional, porque inmediatamente son tildados de enemigos. Eso es algo que les pasa permanentemente a los periodistas locales, que no son para nada de izquierda y siempre han defendido los valores republicanos, los derechos individuales y la economía de mercado, pero que critican las cosas que hace y dice el presidente republicano. Todos son etiquetados como de ultra izquierdistas. Nadie me lo contó, lo veo y lo oigo en la radio todos los días.

Vamos un momento al fondo del problema. El estado, como dije, se arrogó la facultad de otorgar licencias de radio y televisión en todo el mundo ¿Por qué? La constitución desde ya no lo autoriza, pero la excusa es que la tecnología requiere una delimitación política para que unas emisoras no tapen a otras y no se produzca un "caos". Esa excusa es inadmisible, no es problema del estado que alguien quiera usar una tecnología de comunicación que no pueda ser usada en cuanto otro también la use. Es únicamente su problema. Como es problema nuestro si en una fiesta todo el mundo habla alto y no se nos escucha. Nada autorizaría al estado a meterse y otorgar un orden para el uso de la palabra, mucho menos para vender ese derecho. Pero el estado, por supuesto, no es que se mete por eso sino para tener un cierto control. En los países más libres será menor y en el resto se llegará a lo de controlar qué es cierto y que no lo es, para después que el control se convierta en una policía del pensamiento, de acuerdo a los intereses del poder. Justo lo que revela este tuit.

A pesar de que el cable no presenta aquél supuesto problema público de la superposición, igual el estado lo reguló, porque la gente ya tomaba como natural que lo hiciera, así como a la larga tomará como natural que se instale la policía de las fake news, por parte de la casta más fake de toda sociedad, esto es, los políticos. Lamentablemente las falsedades de los políticos no provocan el inmediato retiro de sus licencias, porque sería una gran cosa.

Hay otra confusión mayor aún. Tan grande es que en una charla que di hace un par de años acá para antichavistas, anticastristas y anti-izquierdistas de todo tipo, nadie entendió que dijera lo que dije. Preguntaron sobre la responsabilidad pública de la prensa como "instrumento fundamental de la democracia" y mi respuesta fue que no exista tal responsabilidad, que la prensa no es ningún instrumento de la democracia en sí, sino de las opiniones e intereses de sus dueños. Ni siquiera hay democracia si no está antecedida de intereses y opiniones privados. Que no se trata de un servicio público, sino de uno privado y que la libertad está de verdad en peligro si se lo considera un servicio público, porque lo que debe primar es el interés del ciudadano que la ejerce, sin estar sometido al juicio de ningún tercero, como no fueran sus clientes a la hora de consumir lo que produce. Prensa, en una sociedad libre, no es más que el nombre que se le da a un ciudadano organizado para decir lo que quiera decir.

Se generó mucha indignación, pero no existe tal cosa como la función "pública" de los medios de comunicación, que se rigen bajo las reglas del derecho de propiedad. Su consumo es libre y su producción también. No puede haber estándares compulsivos, ni siquiera gremiales que la limiten, su funcionamiento se basa en la libertad del medio y la de sus clientes. El control corresponde nada más que para el estado, porque todo lo que hace es público y pertenece al público y, como ocurre con muchas otras áreas de la vida social, el primer efecto de pensar lo contrario, es subvertir la relación ciudadano estado, donde el vigilante empieza a ser el segundo del primero, al revés de lo que debiera ocurrir.

El control que la prensa ejerce sobre el poder, no deriva del carácter público de su actividad, sino justamente de su área de reserva privada. La prensa no tiene que preservarse porque diga la verdad, sino porque habla libremente. La única verdad posible puede surgir de ese ambiente. No se puede perseguir a la mentira desde el poder, sin matar en primer lugar a la verdad.

JOSÉ BENEGAS

15. LA SOBERANÍA NO VALE UN COMINO

Octubre de 2017

Soberanía… soberano. Cuando se inventa una legitimidad ligada al autogobierno, fundamentalmente con la independencia americana y de un modo mucho más confuso en la Revolución Francesa, algunos conceptos quedan un poco sucios o forzados, en función de volver a justificar al gobierno sobre otras bases. Los reyes eran reyes porque lo eran, se sucedían en el monopolio de la fuerza y el pueblo era el sometido. La soberanía era una regla inter-poder, la gente común no aportaba nada a la razón del mando, incluso cuando en la política real los gobernantes igual necesitaran mantener un nivel de consenso.

Soberanía, por lo tanto, debió ser un concepto que quedara fuera, una vez adoptada otra forma de fundamentar el ejercicio de la fuerza, sin soberano alguno. Dicho de otra manera, la fuerza validada en base a quién la ejerce, no tiene significado moral alguno.

Los reyes ejercían soberanía sobre un territorio y quienes estuvieran dentro de él eran sus súbditos. La relación de poder era realista, en varios sentidos del término. Aparte de la relación con el poder estaba la relación con el lugar de uno, la "patria" o tierra de los padres, el terruño y la gente con la que se compartía costumbres, experiencias e historias, cuestiones que en gran medida estaban fuera de la política.

El fundamento del autogobierno o la libertad, se hace endeble cuando se piensa que el tipo de revolución que había que llevar a cabo consistía en "tomar el control" que antes tenía el rey, con sus atributos. De eso deriva el engendro del "gobierno popular", entre otras cosas.

Porque si la base del poder no es el linaje y se convierte en una cuestión extra-poder, una relación "jurídica" entre quién lo padece y quién lo goza, se inventan dos roles de un aparente único sujeto (pueblo) como gobernante y como gobernado, solo que este último es real y el primero es ficticio, porque inevitablemente favorece a una minoría.

¿Y el pueblo por qué ejerce el poder? La respuesta correcta debió ser que no lo ejerce más, se ha liberado de él, que apenas resuelve problemas comunes con algunos mecanismos. No hay más poder "legítimo" en sí, sino ejercicio de la fuerza legítima, que se limita a la autodefensa, propia u organizada. El pueblo no es que "ejerce el poder", es que se ha liberado de él.

La respuesta incorrecta ha sido, hasta ahora, que lo hace – ejerce el poder -- porque es el "soberano". Pero ser gobernante y gobernado es imposible. Es un sinsentido.

Se produce un vacío conceptual en la medida que no se quieren más monarcas absolutos, pero si "gobiernos propios". Así se llena aquello con conceptos que terminan por crear unas cadenas diferentes, en gran medida más difíciles de romper. Aquí es donde aparece el nacionalismo, como una de las consecuencias de la Revolución Francesa. La entelequia "nación" es algo que junta patriotismo con política, la patria, el conjunto, el colectivo es una entidad política ficticia en la que se asienta, ahora que no hay soberano de carne y hueso, la razón de ser del poder.

¿Pero cuál era la inspiración de la revuelta contra el poder absoluto? Pues la libertad ¿por qué inventar conceptos o tratar de asimilar un palabrerío propio de la falta de libertad a la libertad? Porque hay algo en lo que es igual el gobierno representativo y el que no lo es: ambos tienen poder, ambos someten a la población y ambos quieren más.

Cuando se producen acontecimientos como el BREXIT o el intento de separación de Cataluña y, yendo más atrás la Guerra de Secesión en Estados Unidos, las discusiones se hacen sobre la base de aquellos conceptos sucios, travestidos, del poder real monárquico al esbozo de autogobierno en el que creemos vivir. Todos esos análisis se equivocan, en mi opinión, porque manejan herramientas inútiles y olvidan el valor fundamental que hay detrás, o debiera haber detrás, del tipo de razonamiento en el que se trata de encontrar en "el pueblo" el fundamento para los cambios políticos. Si desvestimos al travesti, lo único que sigue importando es la libertad, mientras que "soberanía", nación, representación, en fin, todo lo demás, nos desvía de la cuestión. Mucho menos importan los resultados electorales. En los diarios está lleno de análisis ciegos, incluso que no manejan para nada las ficciones mencionadas, pero ninguno va al fondo del asunto, que es el siguiente:

¿Cuáles son los cambios políticos positivos? Pregunta válida para secesiones, fusiones, tratados, constituciones, revoluciones e, incluso, golpes de estado. Los que amplían la libertad de los individuos. Eso hace que sea necesario examinar el sentido político que esos cambios tienen en particular, no si se hacen votando "limpiamente" y atribuyendo santidad a la aritmética ¿Qué nos importa si obtuvo todos los votos menos el nuestro la decisión acerca de si nos van a quitar la billetera?

Esa "ciencia política" de las representaciones, las soberanías y las naciones es pura patraña, palabrerío abusivo para esconder relaciones de sometimiento a diferentes bandas, con diferentes propósitos criminales.

16. LOS DOS RACISMOS

Octubre de 2017

Este es un momento extraño en el que emerge por todos lados el pensamiento irracional. Desde los fenómenos naturales que son atribuidos al "enojo" de a Tierra, a la adhesión tribal a determinados grupos digan lo que digan, sometiendo la percepción de la realidad a ellos, y la apelación de la palabra "cultura" como un nuevo determinismo que permite tanto no hacer nada, como declararse amenazado por conductas ajenas y privadas, a las que se les atribuye pertenecer a un plan para destruir a la sociedad.

Parte de ese proceso es la reaparición de un orgulloso racismo, junto con el nacionalismo, como la antesala de algo que no puede ser bueno. Pero me parece importante destacar los dos tipos de racismo que existen en los Estados Unidos.

Por un lado, está el racismo típico, el de la "supremacía blanca", que sostienen unos tipos tan brutos que en general podrían representar a la inferioridad blanca. Ya no se los resiste como pocos años atrás, sino que se buscan aparentes justificaciones a las diferencias de status en las que creen estar incluidos en la capa superior, en base a estadísticas, hechas con absoluta ceguera epistemológica y dándoles un valor de regla universal. Algo asombroso, porque todos fueron al colegio, muchos incluso a la universidad.

Por otro lado está el tipo de racismo que practica la izquierda, que consiste en la victimización de minorías, no en su liberación de ataduras o en sacarlas de sus padecimientos, sino en la normalización de la situación, su extensión a cosas que claramente no encajan como racismo, pero que les permite poner a la población negra en un lugar de perdedora, para ser un instrumento, parte de su capital político. Tras estos dos grupos, vienen los que quieren ver que, dado que la izquierda está detrás de esta segunda forma de racismo, que todo el que se queja es parte de un "plan marxista". Están adosados al primer tipo y más obvio de racismo.

De todas estas formas de racismo, la más invisible y la que menos se advierte, es la de izquierda victimizante, porque aparece en realidad como protectora. Esta es una gran tara que viene de la religión, que también es una forma de victimización del ser humano frente a un Dios que todo lo da y que es el guardián de la suerte de las personas, al que por lo tanto están sometidas. Es el tipo de relación esclava que promueve el paternalismo, que consiste en hacer de la relación de poder y sometimiento algo bueno para los sometidos. De ahí su éxito entre los propios esclavos del sistema.

17. CATALUÑA: POR QUÉ LAS FRONTERAS DEBERÍAN RELATIVIZARSE

Octubre de 2017

El referéndum en Cataluña, dicen, no cumplía ningún estándar de control de la corrección del ejercicio del voto. Hay denuncias de que se podía votar dos veces y objeciones a que las papeletas pudieran ser impresas en la casa de cada uno. Pero ¿es esa la cuestión? Se habla de ilegalidad y de que el Tribunal Superior de Justicia lo descalificó, pero, con independencia de que tuviera razón ¿hay derecho a impedir la votación, aunque su resultado pudiera ser desconocido eventualmente? La violencia ejercida para que no se realice, no habla precisamente sobre la seguridad del gobierno español acerca de la invalidez del referéndum.

Me sorprende mucho que la misma gente que se embarcaba detrás del Brexit, para después hacerse devota de Donald Trump, termine gritando a los cuatro vientos que la pretensión de algunos o muchos, tal vez la mayoría de los catalanes, que quisieran independizarse de España, es inaceptable. Sinceramente, el número no me importa. Menos me importa el fundamento histórico de aquella pretensión y aún menos si es o no una buena idea.

Lo peor es como se nota detrás de todo el culto al estado. El Brexit se hizo bueno en nombre del nacionalismo, no de la libertad de los mercados, lo mismo el ascenso de Trump, mucha gente descubrió, para no quedar fuera de sus grupos de Facebook, que en realidad era nacionalista y algunos descubrieron que lo más liberal del mundo era el nacionalismo, porque decían tener en su patrimonio, como propiedad privada, a las fronteras de su país. Ahora en nombre del nacionalismo también quieren que los catalanes no tengan el atrevimiento de pensar en secesionarse ¿Cuál es el principio entonces?

Hasta hace una semana nos decían que a toda costa había que evitar el surgimiento de un gobierno mundial ¿La secesión eventual de Cataluña no apunta a favor de la misma prevención? Si es que hay tal principio, tal vez estoy sobrestimando lo que es todo más sencillo, el sometimiento al grupo que va y viene para mantener su contacto con alguna usina repartidora de favores. Pero lo que sí tienen en común estas posiciones es la exaltación del estado. Son más estatistas que nacionalistas, de otro modo estarían con los catalanes, si no fuera porque eso debilitaría al estado español. El falso argumento de la propiedad con el que sustentaban su nacionalismo repentino, parece que no vale para Cataluña.

Es que ahí se ve la falsedad del argumento propietario porque el país como territorio no se posee colectivamente, la posesión está del lado del poder político y es la única real. Es el estado el que posee las fronteras en nombre de sí mismo y lo que ejerce no es derecho de propiedad, sino poder político. Las mismas reglas que deben regir para ese poder político, que sea defensor de los derechos individuales, valen para cualquiera ámbito en el que se ejerza, la plaza de la esquina o la frontera. Esa nueva especie de "liberalismo nacionalista", sostiene que su estado está para proteger a los propios y hacer cualquier cosa con los extraños, que no tienen derechos. Propios son los vecinos simplemente porque nacieron al lado suyo. De liberalismo eso no tiene ni rastros.

Para el liberalismo las fronteras son indiferentes. Cuanto territorio tiene un estado, no interesa, el tamaño del propio tampoco, en la medida en que rijan derechos individuales y si no rige una completa libertad de comercio y circulación de personas y bienes, no hay libertad, ni para los de afuera, ni para los de adentro. Nada le impediría a los nacionalistas, se crean o no liberales (me quedo con los segundos, que son más honestos), relacionarse sólo con sus connacionales, pero el punto para ellos es intervenir sobre la vida de los otros. Por eso el nacionalismo es siempre una guerra interna, por más que se manifieste en función de una externa. El que lo pide se imagina beneficiario de la violencia que usa contra sus connacionales, sea por proteger su producción de la competencia o por hacerse un acreedor más exclusivo del robo "social" del estado para el reparto.

Al liberalismo, en términos prácticos, le interesa que las fronteras sean móviles. Que los países se puedan secesionar y fusionar de modo pacífico, en vez del modo violento en que ocurría en el pasado, de acuerdo a reglas confiables y que la gente, con independencia de eso, pueda elegir el lado de la nueva frontera en el que quiera vivir y siempre sin que el nuevo orden implique violar sus derechos. Es bueno porque en la medida en que esas fronteras pueden alterarse, serán más relativizadas, será más difícil invocar el cuento colectivo de que "somos una nación", que se usa para robar y someter con el estado a otros individuos, que es precisamente lo que temen perder los nacionalistas españoles. Tanto esfuerzo para decir "nosotros" y abusar de esa palabra, queda desmentido por el nosotros de los catalanes y el nosotros de los catalanes podría ser desmentido por el nosotros de los que no se quieren separar o los que incluso quieran separarse de los catalanes.

Está lleno de latinoamericanos de esos que se agrupan en Facebook para hacer batallas épicas de post y likes, que repiten lo de la ilegalidad del referéndum y muchos del nuevo sincretismo, ensalada diría, de liberalismo nacionalista. Pero ¿cuál fue la legalidad de la independencia de los países de América? Ni siquiera se hizo en base a referéndum alguno, ni en el que se pudiera votar una sola vez siquiera.

Es que "son zurdos" me dijo uno. Bueno ¿no será hora

de poner sobre la mesa que nuestro problema es con los zurdos, no por las ideas en sí, sino por nuestros derechos? ¿No será que de una vez tenemos que dar marcha atrás con el democratismo que puso en un pie de igualdad, a la hora de tener acceso al poder político, a los que quieren usarlo como medio de defensa y los que lo entienden como un control permanente y total de la población? ¿Por qué disfrazar ese conflicto político de una "legalidad" que encuentra algunas votaciones sacrosantas y otras contra la ley? ¿Por qué someter la libertad a la aritmética?

El problema es que el voto, el democratismo, provee un sentido de la "legalidad" tan cómodo, tan útil a cualquier causa, que se lo puede invocar para obligar a la gente a obedecer cualquier despojo. Tan útil como la religión, digamos. Ahora se les ocurre que no sirve para separarse de un estado ya formado, pero claro, están abriendo la puerta al mecanismo "legal", alternativo a este declarado "ilegal", por la que el movimiento indepedentista los volverá a desafiar, porque lo están haciendo crecer.

Es tal la confusión que, para muchos, si el Tribunal Superior de Justicia hubiera dado el aval al referéndum y este hubiera sigo ganado por los independenistas por un voto, de acuerdo a la mayoría reglamentaria, sería considerado válido para el total de los catalanes por ese solo hecho numérico. Y acá está la cuestión más importante con este democratismo y su legalidad. Semejante arbitrariedad para la minoría, no sería diferente ni más grave que la misma arbitrariedad si se hiciera con la mayoría, si entendemos que cada individuo tiene su vida independiente y sus derechos que deben ser respetados. La única circunstancia en la que un voto puede ser fuente de legitimidad, es que ese voto no altere para nada la vida de ningún individuo en lo que respecta a sus derechos individuales. Dicho de otra manera, no es el voto, ni la corrección con la que se lo ejerce, ni la forma en la que se lo suma y mucho menos su resultado lo que concede legitimidad al gobierno, sino la libertad de los ciudadanos. Cualquier cambio político es aceptable bajo esa condición y ninguno es aceptable si la viola y, de hecho, la posibilidad de fraude sería mucho menor porque nada tan importante se estaría dirimiendo.

18. RELIGIÓN Y GUERRA

Agosto de 2017

También podréis comprar de los hijos de los forasteros que viven entre vosotros, y de las familias de ellos nacidos en vuestra tierra, que están con vosotros, los cuales podréis tener por posesión. Y los podréis dejar en herencia para vuestros hijos después de vosotros, como posesión hereditaria; para siempre os serviréis de ellos; pero en vuestros hermanos los hijos de Israel no os enseñorearéis cada uno sobre su hermano con dureza.

— Levitico 25:45-46

Así ha dicho Jehová: He aquí yo haré levantar el mal sobre ti de tu misma casa, y tomaré tus mujeres delante de tus ojos, y las daré a tu prójimo, el cual yacerá con tus mujeres a la vista del sol. Porque tú lo hiciste en secreto; mas yo haré esto delante de todo Israel y a pleno sol. (...) Mas por cuanto con este asunto hiciste blasfemar a los enemigos de Jehová, el hijo que te ha nacido ciertamente morirá. Y Natán se volvió a su casa.

— Samuel 12:11-15

Toda religión, si es monoteísta más, implica para el grupo que la practica el tener una vinculación especial con un reinado universal, al cuál interpretan y que la ética que predican tendría que ser practicada por todos, con independencia de que lo compartan. Todos son inferiores a Dios, inclusive los fieles, pero estos últimos son fieles y los otros no. Con independencia de lo pacíficos, evolucionamos y civilizados que sean los seguidores, ninguna religión es en sí de paz, aunque todas hablan de paz. Nadie hace la guerra, en realidad, sin hablar de paz.

Las citas del inicio pertenecen a la biblia judeo-cristiana y hay muchísimas más del mismo tenor. El judaísmo no tuvo nunca el poder en Occidente, sino que fueron generalmente perseguidos, justamente por la otra religión de paz, el cristianismo. Este último tiene su nuevo testamento, bastante depurado, sin embargo la historia de la Iglesia Católica no es precisamente pacífica y su asociación con el poder político la ha convertido en un instrumento de dominación, engaño, trampa, robo y todo tipo de aberraciones. Los 10 mandamientos son la legislación más descaradamente violada de la historia.

Por eso es bastante ridículo que se quiera explicar el fenómeno del terrorismo islámico, como una derivación directa de unas creencias religiosas, una explicación del poder, la noción de que poder temporal y esotérico son la misma cosa o el deseo de imponer unas creencia, todo lo cual está en la historia del cristianismo, desde la Inquisición a la matanza de las "brujas" de Salem. En las prácticas de la Iglesia habría que incluir, la pedofilia a gran escala y la complicidad y silencio como norma rectora a lo largo de toda la jerarquía eclesiástica, el apoyo al nacional socialismo y al marxismo. En Latinoamérica deberíamos sumarle el terrorismo católico de Montoneros, el fascismo de Perón y a católicos como Correa o grupos integristas como los nacionalistas católicos argentinos. Entre los protestantes, todo tipo de sectas violentas.

Nada de eso define por sí mismos a los individuos que comparten esas creencias, ni tales actos les son atribuibles. Hay toda una corriente religiosa que insiste en que el poder del cristianismo detendrá al poder del islamismo. La lucha de religiones no es una lucha contra el terrorismo, sino contra unas creencias. Los terroristas actuales se validan en la religión musulmana, como el IRA o los Montoneros lo hacían en la católica. El papa Francisco promueve grupos violentos en la Argentina y sostiene la idea también violenta de que existe una lucha de clases y un proceso de explotación, de parte de gente pacífica y productiva, de la que extrae los recursos para su Iglesia.

¿A qué voy con esto? No a hablar mal de la religión en sí, que es algo que no comparto y como digo contiene el germen de la violencia, pero no es un problema para gente civilizada, se convierte en un asunto privado. Otras creencias pueden tener problemas para engarzarse con el respeto y la civilización, pero al no extremarse quedan reducidas al ámbito privado, no influyen sobre la vida o la dignidad de otros, ni pretenden manejar vidas ajenas. Tampoco a hablar mal del cristianismo, sino a borrar la supuesta diferencia entre religiones que hace que una tenga terrorismo y otra no, porque en primer lugar es falso. La historia del terrorismo en Occidente está mucho más relacionada al cristianismo que a otra cosa. Y si no al marxismo ateo, algo que no tiene relación alguna con los musulmanes. La historia de los musulmanes con el terrorismo es cambiante y reciente. Anteriormente la Organización para la Liberación de Palestina, era musulmana pero guiada por la religión, sino por el nacionalismo y el marxismo y cooperaba con Montoneros, católica. Eso no lo hacía ni mejor ni peor, lo malo es el terrorismo, no en nombre de qué se lo ejerce. El punto es que si este yihadismo es novedoso, no se lo puede asociar a lo musulman, que tiene mil quinientos años de historia, de los cuales muchos estuvieron enseñándole civilización, filosofía y ciencia a los católicos en Europa.

El terrorismo se nutre de cualquier creencia convertida en dogma imperativo cuando es vivida con fanatismo. Si decimos que al fanatismo musulmán se le opone el cristianismo, estamos poniendo a la falta de seguimiento de esta última creencia como la causa de los peligros, en este caso de una religión "no verdadera". Es decir, se le da un rol de defensa en una guerra y se la asume como otra religión total. Hay que convertirse o aceptar los dogmas cristianos para que el "mal musulmán" no nos alcance. Nos proponen hacernos esclavos de la región que ha estado más cerca de esclavizarnos, para no serlo de la otra. En esta línea está toda esta ola de "cristiandad social" y dogmática moral sobre la familia y el sexo, que la Iglesia propaga para tapar los horrendos pecados y crímenes de sus curas.

El terrorismo musulmán se combate con armas, con inteligencia y en última instancia con des-radicalización, no con una radicalización del signo contrario. Esta pelea debe encararse quitando peso a los elementos mágicos y ratificando la idea de la responsabilidad individual. También poniendo fin a la multijuridicidad llamada multiculturalismo, que no inventaron los musulmanes sino la socialdemocracia europea. No hay ninguna obligación de igualar "sistemas jurídicos", el que hay que ratificar es el de la libertad y responsabilidad individual que es el único en el que todo el mundo puede convivir con sus creencias. Le sumo a eso una mayor libertad civil, que es muy distinto a una multiplicidad tribal de libertades. Libertad civil es derogación de normas civiles que responden a directivas cristianas y no son asunto del estado, los individuos deben seguir sus planes de vida según sus intereses y deseos, lo cual va a molestar a musulmanes que desean manejar vidas ajenas, igual que a católicos que aspiran a lo mismo.

El mayor peligro que enfrentamos no son los actos terroristas del yihadismo, sino el renacer de las tinieblas "occidentales" que estamos viendo en este momento, con su nacional socialismo, racismo y el intento de convertir aquellos crímenes en una guerra religiosa.

Reitero por si alguien no lo entendió, si no me opongo a la religión de los musulmanes, no me opongo a ninguna otra, pero no quiero ser gobernado por ninguna.

Cada vez que se produce uno de estos atentados, alguien cree descubrir una gran cosa al señalar con ironía que los musulmanes "son una religión de paz". El acento se pone en las creencias religiosas en nombre de las cuales se ejerce el terrorismo, lo cual termina por dar menos importancia al terrorismo y centrar el eje en una fe. El yihadismo de unos, se diluye en un enorme mar de personas. Entonces aparece mucha gente que cree ver la luz, a explicarnos como son los musulmanes, que es bastante poco importante frente a unos criminales que pisan personas con los autos. Si, saltándonos las reglas aristotélicas llegamos a la conclusión de que los musulmanes son terroristas, tendríamos que justificar por qué no estamos todos muertos ya, dado que ellos son mil seiscientos millones. Estaremos en peligro si los yihadistas toman el poder y por cierto están más cerca de hacerlo si en lugar de concentrarnos en ellos nos ponemos a hablar de religión. Pareciera que se estuviera trabajando en favor de su marketing.

La guerra religiosa nos pone más en peligro frente a los extremistas islámicos y se crea el caldo de cultivo para el extremismo cristiano. Esto sería la gran victoria de los primeros y los segundos y el fin de la civilización que nos queda, después de la social democracia.

19. LOS POBRES NIÑOS QUE NO TIENEN PENE Y LAS NIÑAS QUE NO TIENEN VULVA.

Julio de 2017

En mi época de estudiante tenía amigos que iban a colegios del Opus Dei. Nos reíamos mucho cuando nos contaban las cosas que les decían los curas como recomendación para el fin de semana, con el fin de que no cayeran en las tentaciones de la carne. Mis amigos, por supuesto, estaban más preocupados por no satisfacer esas tentaciones, que por la condena al infierno de sus perturbados educadores.

En aquellos años, la pretensión de la Iglesia de regular la vida sexual de la gente y con eso tenerla en estado de culpa permanente, no daba ningún resultado. La "abstinencia" era una farsa que sólo servía para hacer chistes y los "malos pensamientos" eran geniales. Aun así, todos habíamos crecido con el mensaje de aquello de las "bajas pasiones", que no éramos "animales" para andar pasándola bien como se nos ocurriera. Había incluso pecados religiosos porque la izquierda todavía no había ocupado ese lugar de gran censora moral que tiene hoy en día.

Ahora, habiendo pasado los cincuenta, en pleno siglo XXI, muchos que jamás han cumplido esos preceptos se han puesto a responder a los contenidos educativos que se refieren al sexo, como lo hubiera hecho la tía abuela soltera de mi bisabuela. El miedo es una maravilla, es capaz de transformar a la gente en completamente idiota en un minuto.

Resulta que el mismo sistema educativo que unifica una visión tonta de la historia, que envenenó a varias generaciones con nacionalismo, asistencialismo y los engañó con una versión heroica del poder, los escandaliza por su audacia en temas sexuales, al punto de ponerse a predicar una moralina hecha para manejar gente bruta y en la que ellos, repito, no creen. No pueden responder o discutir, más que desde el mito infantil, llamándole ciencia a cualquier cosa que vieron en un video de Youtube. Las demás porquerías que les meten a sus hijos en la cabeza no les preocupan, ni siquiera la permanente amenaza de religiosos, reprimidos como ellos, que se transforman en depredadores sexuales con menores. Como si se pudiera hablar de lo que se ve, pero no de lo que se esconde. Mientras se esconda está bien.

Señores, una noticia tengo para ustedes. La gran reprimida por la Iglesia que los lleva a hacer sus campañas naranjas, no ha sido la homosexualidad, ni el travestimo, ni la pan no sé qué cosa y todo eso que se inventan ahora los modernistas, sino la "normal", "sana" y "que dios manda" heterosexualidad. La que ustedes creen proteger ahora de la contaminación y los curas les dicen que están preservando con ustedes.

He escuchado en estos meses estupideces que superan con creces a las de esos curas de los colegios del Opus Dei. Ni hablar del resto de los curas que ni en esa época llevaban las cosas a ese punto. Parece que la biología no solo provee una moral, sino incluso una legislación y un programa educativo (¡que coincide con la Biblia!), pero que se les cuente a sus hijos como es la sexualidad (y ni remotamente digo que haya que hacerlo, porque creo que todo colegio estatal debe cerrar hoy y toda injerencia también), y tienen miedo de que les cambien lo que "son" ¿No mandaba la biología? Nada se podría cambiar, se supone.

Esto no viene ni siquiera de mis amigos que redescubren los cuentitos que les decían los del Opus, sino de quienes eran hasta hace menos de un año completamente liberales, ahora ávidos consumidores de literatura barata que les suministre consignas, conspiraciones y demonios contra los cuales luchar. Este sería un momento de gloria para el pastor Giménez.

Esta campaña está protagonizada por muchas mujeres, que hasta hace muy pocas décadas, eran las grandes acusadas de causar tentaciones. De hecho, en el mito de la creación, es Eva la culpable de llevar al pobre Adán por el mal camino.

Venimos alterados por aquella culpabilización del sexo, aun los que somos de la generación que empieza a reírse de todo y los que lo rechazamos hasta intelectualmente aquellas "lecciones". Los consultorios psicológicos donde las personas tratan sus taras como adultos, son los principales agradecidos de esas monsergas inservibles que propagaron el mensaje sucio sobre lo que somos en realidad: individuos con deseos. Pero esos "contrarreformistas" castos son los que califican de "enfermos mentales" a los que hacen lo que tienen ganas de hacer en función de su propio placer y bienestar, de acuerdo a sus planes, y no los de una entidad supranatural super poderosa y bienhechora al mismo tiempo (de ese conjunto emocional es hijo el estatismo).

La gran reprimida por la corrupción católica del sexo no ha sido ninguna sexualidad alternativa, sino la heterosexualidad, los penes y las vulvas que ahora descubrieron que tienen ¿No se dan cuenta de la forma en que ahora los hacen partícipes del hostigamiento de minorías cuando todos fueron perturbados como mayorías primero? ¿Está la heterosexualidad acosada por la homosexualidad o por el catolicismo?

Por eso me resulta tan increíble ver a gente mucho más joven que yo, rescatando pesudo-ciencias y haciendo ídolos de cualquier estúpido que les infle el pequeño monstruo represor que les plantaron de niños, porque les han puesto el fantasma de que un "marxismo cultural" (una ensalada que han armado al respecto) que quiere transformar a sus hijos en "desviados".

¿Y si descubren que uno de sus hijos lo es? ¿O sus nietos? ¿Le sugerirán que se entregue al señor? ¿Lo expondrán ante sus amigos santurrones y lo pondrán al cuidado del Padre Grassi (al que probablemente hayan defendido)? ¿Le dirán que se haga cura para que no se enteren sus compañeros de las páginas naranjas de Facebook?

La libertad no se defiende porque los niños tengan un pene que sea obligatorio meter en una vulva. No se defiende tampoco con la gente que te ha dicho que te olvides del pene y de la vulva. La libertad es libertad, no moral católica del siglo XVI, ni con religión disfrazada de ciencia, aplicada de modo totalitario a la vida civil de los demás. También mataron a Galileo, por cierto.

Lo curioso es la diferencia que se vio entre el ómnibus naranja versión España y su similar chileno. En España los niños al menos tienen pene y las niñas vulva. Eso sugiere que les explicarán de qué se trata el sexo, aunque lo reduzcan a la heterosexualidad. Pero en Chile, hasta han censurado la parte divertida para reemplazarla por el asexuado hashtag #ConMisHijosNo.

Pobres sus hijos. Pobres los que, contra toda ciencia, si se quiere, sean llevados a olvidar el pene y la vulva hasta el casamiento y que después de eso les digan que nada más los tienen que usar para reproducirse. Pobres los que sientan otro impulso diferente al del mandato de la tía abuela de mi bisabuela. Ahí, ahora que han redefinido todo en función de sus falacias, sentirán que han parido "marxistas culturales". Van a formar una generación perversa, de la misma perversión que sus padres querían escapar.

Termino con esta reflexión: Pito, culo, teta.

20. LOS NAZIS "PRIVADOS"

Julio de 2017

Desde una postura alt-wrong hay mucha insistencia en tratar de legitimar lo que llaman "preferencias personales" sobre las razas, el tipo de atracción sexual de los demás o sus costumbres en cualquier aspecto, como por ejemplo el consumo de drogas no autorizadas por el estado. No tienen problemas con las que el estado sí autoriza, su criterio de ser drogadicto tiene que ver con la desobediencia a lo que los legisladores determinan que es "médico", permitido por la autoridad que "sabe" y decide, lo que está médicamente (¿biológicamente?) autorizado.

Es gente muy "natural", pero no "naturista", porque esto último cae bajo el amplio espectro de lo que etiquetan bajo el rubro "marxismo cultural". Les pido perdón por usar el término "etiquetar", porque no está permitido por el credo de ese "liberalismo cool" de villanos. En la película La Ola, todo se desata por un etiquetado (y en el experimento social que recuerda también), pero esa película es recontra "marxista cultural", pues es una denuncia a una "preferencia personal" llamada "nazismo".

Vamos a ver, hay todo tipo de preferencias personales. A mí por ejemplo me gusta mucho el helado de frutilla a la crema y las natillas. Ahora, si dijera que no me gustan los negros, los asiáticos o los indígenas, sería racista. En el primer caso sería frutillista-natillista, pero eso tiene cero consecuencias políticas, no opera para nada sobre el status de otras personas, sus derechos, su patrimonio. Pero mis "preferencias personales" por "razas", serían preferencias racistas, justamente.

El alcance de eso puede ser muy variado, podría no tener ninguna consecuencia política, es decir sobre el poder que otros padecerán, si se mantiene en el ámbito de la elección privada más arbitraria, como por ejemplo al elegir una compañía sexual. En ese caso hay todo tipo de inclinaciones de aspecto, de personalidad o incluso el sexo igual o distinto al propio. Son meros gustos o condicionamientos psicológicos. Si postulo en cambio de manera pública que mi raza es mejor o aunque no diga que es mejor afirmo que me gusta más la gente que colectivamente responde a esas características y además me junto con ellas para decir "nosotros somos buenos", milito o trato de escupir mi elección porque la transformo en un imperativo que los demás debieran seguir, la cosa adquiere otro color. Si doy conferencias acerca de por qué tal raza, elección o vida es mejor que la otra y a ese acto le doy el carácter de lucha política o "batalla cultural", eso es colectivismo, racismo, fobia u odio colectivo, nazismo y, en definitiva, imbecilidad. Si pongo en Facebook que siento repugnancia por personas que, independientemente de cómo sean, nacieron en otro lugar, tienen otra piel, otros ojos, eligen otras cosas que no elijo, puede que eso no me convierta en alguien que va a encerrar a la otra gente o alterar sus derechos, pero sin duda estoy buscando que eso ocurra propagando un mensaje e invitando a los que me escuchan, si caen bajo alguna de aquellas categorías, a bajar la cabeza. Sí, hay gente que se conforma ejerciendo su repugnante perfil psicológico malvado en las redes sociales.

Además, es signo de ser bastante bruto y no entender nada acerca de cómo funcionan las sociedades humanas, qué quiere decir cultura o incluso "raza" y biología. Es altamente probable que podamos compartir más genes con una persona con un aspecto perteneciente a la ultra simplificación llamada raza, diferente a la nuestra, que con alguien más parecido a nosotros. El ejemplo más fácil sería nuestro hermano, nacido de una madre con rasgos de otra zona del mundo, en relación con nuestro primo que parece idéntico a nosotros o nuestros compañeros de trabajo. Por eso digo, hay que ser imbécil para ser racista "privado", no hace falta "no ser liberal". A veces ni siquiera es un problema de ser o no liberal, que los racistas no lo son, sino de ser o no pelotudo, que es algo que recomiendo evitar ser, aunque no se mida con el liberalómetro. Es mi preferencia personal, qué le vamos a hacer.

Son brutos también porque la gente marginal en sus conductas, presenta muchas ventajas para aquellos que viven de acuerdo a los estándares más aceptados. En general ofrecen visiones que los demás no están en condiciones ni de explorar. Una sociedad evolucionada saca un enorme provecho de la gente "rara", mucho más del que obtiene de los obedientes que viven una vida tal vez satisfactoria, pero que da pocas oportunidades de evolución.

Un racista o segregacionista de cualquier grupo colectivo, se reconoce por algunas conductas típicas. Nietzsche es un filósofo bastante incomprendido en mi opinión y se lo relaciona mucho con el nazismo, aunque tengo mis serias dudas de que eso sea correcto. Este señor hablaba de la "moral del débil", identificándola con la tradición judeo-cristiana que exalta la debilidad como estándar moral, o el defecto. El cristianismo con su pobrismo, sobre todo. La cosa no es tan simple como que los débiles deben ser eliminados o no hay que tratar con ellos o despreocuparse, que eso si caracteriza al nazismo. La fortaleza en Nietzsche es el valor, no el sometimiento del débil. Débiles en ese sentido, son las pirañas comiendo al león, que es el nazismo. Es bastante sutil el camino que plantea, pero dicho en forma un poco burda, la impostación de fuerza no es fortaleza sino debilidad. Veinte débiles unidos levantando el brazo derecho, uniformados con la esvástica en el brazo, para deshacerse del talentoso de una "raza" condenada, es la unión de débiles para tornar su inferioridad en superioridad.

Ellsworth Toohey, el personaje siniestros que Ayn Rand imaginó en El Manantial, promoviendo a los inútiles, es el rey de la debilidad. El nazismo es la impotencia, la sed de sangre del débil, del resentido social, reconducida como la brutalidad. La fortaleza es la autoestima, que es lo opuesto a eso.

Ustedes verán en las redes sociales a la gente de más baja autoestima sentirse fuerte a través del permiso para el aplastamiento y la segregación que esta cultura nazi propone, tan de moda entre los "liberales villanos". Los pusilánimes, lo más bajo en la escala zoológica nietzscheana, son los que son activados, el tipo de fortaleza en la debilidad y en la falta de valor que despiertan los "nazis de preferencias privadas". Encontrar una víctima propiciatoria es la acción de las pirañas, individuos débiles que forman conglomerados, patotas, para simular la fuerza que no tienen.

En ese sentido su permanente victimización forzada indica exactamente lo mismo. Hitler y sus secuaces eran víctimas de los malos judíos y su conspiración. Los montoneros eran víctimas de "la violencia de arriba que engendra la de abajo", los kirchneristas lo eran de Clarín, los medios y "la derecha", Maduro es víctima del "imperio", igual que los Castro, Milo Yanniopoulus y Donald Trump, lo son de "los medios" y los que no los dejan ejercer su "libertad de expresión", el altwronguismo católico fascista de todo tipo de actos de persecución del "lobby gay" y de intentos de no dejarlos propagar sus verdades, sus preferencias personales privadas contra todo tipo de colectivos, las feministas de la "tercera ola", son víctimas de todos los hombres juntos. Todos ellos ejercen todo tipo de agresiones, invitaciones a la segregación, reivindicación del "trolleo" aunque estén lejísimos de llegar al extremo del exterminio, pertenecen al mismo esquema moral y postura política. Alguien que sostiene una verdad, desde la fortaleza de sus ideas y de su aparato psicológico, lo hace sin una permanente referencia a los que, pobrecito, lo intentan destruir y no lo dejan hablar. Hitler en ese sentido, era un señor con "preferencias personales" antes de llegar al poder. Los otros se parecen en que no es que están diciendo con quién se quieren casar, sino qué valores deben prevalecer en la política y su primer fundamento es que muchos malos están contra ellos.

La verdad es que no importa tanto si se quieren o no llamar liberales, porque entonces yo me proclamaré pochoclista, simplemente para no ser confundido con ellos. No, el punto es la irracionalidad e inmoralidad de sus cruzadas y procedimientos, el peligro que representan para los demás y el tipo de mensaje con el que envenenan a la gente, tanto los militantes organizados, como los que propagan consignas segregacionistas en redes sociales, para permitirse olvidar la pequeñez de sus personas, con el mero placer sádico de conseguir que algún raro, alguna minoría, se calle ante su atropello.

Esas pequeñitas almas, ese elemento humano de los bajos fondos, esos débiles en acto de venganza actuando como pirañas, son los peores enemigos actuales de la civilización. Y pertenecen a nuestra "cultura", tal vez a nuestra "raza", posiblemente a nuestra familia. Están a un paso de ponerse un uniforme y de asignarnos a todos un número, en lugar de un nombre.

21. EL LIBERALISMO RESIDUAL

Julio de 2017

Nadie parece querer hacerse cargo de la crisis de identidad y valores que está sufriendo el liberalismo. Lo peor es que está ocurriendo por presión del debate liviano y emocional de las redes sociales y de la política más barata imaginable, puramente circunstancial.

Hace poco más de un año, cuando apareció el delirante Donald Trump en la interna del Partido Republicano, no tenía defensores en el liberalismo, al menos en un número suficiente para que yo pudiera llegar a enterarme. No tomo eso como un dato demasiado concluyente porque todos de alguna manera nos rodeamos de algún micro-clima, pero lo que pasó fue que meses después, cuando triunfó en esa interna, ni un día antes, me encontré con gente que creía que sabía cómo "pensaba de verdad", que me lo vendía como un enviado del cielo por Mises. Más o menos lo que siguen diciendo algunos vivos para ver si se acomodan, respecto de Macri. Incluso coinciden en gran medida los fanáticos del rudo Trump con los del suave Macri.

Avanzada la campaña electoral el mesías de los rubios de alta cultura (si, Trump era el restaurador de la cultura), me empezaron a explicar que existía una izquierda que era mala, malísima, que había que evitar que llegara al poder. Años me pasé escribiendo sobre el tema y advirtiendo. Muchos liberales activos no querían saber nada del asunto, decían que estaban en las grandes ideas, mientras las universidades (rubias, nativas) eran antros del codazo político de esa izquierda y los liberales copiaban antros del codazo para difundir sus propias ideas.

Un señor de una fundación alemana en el año 98 me dijo que estaba loco por creer que la izquierda se estaba organizando en toda la región a partir del Foro de San Pablo, cuando me preguntó cuál era el principal desafío para la libertad en América Latina, su nueva responsabilidad.

Cuando empecé a escribir sobre el sistema policial con el que la izquierda estaba construyendo en las universidades, controlando el pensamiento en nombre de la "objetividad", nadie hablaba de la cuestión. Los que decían seguir la directiva de Hayek de la década del setenta y defender las ideas en el mundo académico, jamás se metían en un conflicto semejante, porque la izquierda los podía tildar de fachos y eso impedía la continuación de su carrera. Así eran testigos mudos, intentando sobrevivir y colaborando con sus hostigadores. Esos eran los luchadores que quería el pobre Hayek. Pero no bien Trump empezó a tener éxito, toda esa gente me quiso "enseñar" que existía esta realidad de las universidades (no manejadas por ningún mexicano ni musulmán) y que Trump era la solución. Un Trump que jamás hizo otra definición que no sea nacionalista, xenófoba, y no respondió jamás a ninguna verdad rebelada por los oráculos académicos o políticos del marxismo. Lo que pasaba, me explicaban, era que esa retórica era para los tontos. Me invitaban a no ser tan poco sagaz por creer que hablaba de un muro porque creía en él como una panacea.

Liberales repartidores de fondos me aclararon también, para sacarme de la oscuridad, pero no quise entender porque soy limitado, fanático y abstracto (me dijeron), que lo de la libertad de comercio era muy simplista y zonzo, porque todas las empresas podían decidir irse así nomás y dejar a los norteamericanos sin trabajo. Había que ser liberal pero liberal proteccionista. En otras épocas me leían "La petición de los Fabricantes de Velas" o los diálogos de Robinson y Viernes. Algo yo había entendido mal. Juro que eran personas que un año antes hubieran dicho que eso era una estupidez, que las empresas se iban por la alta imposición y los costos laborales (producto, entre otras cosas, de las restricciones migratorias, que son leyes laborales en definitiva). Que el escape de las empresas no traería desocupación, sino empleo menos productivo, de menor calidad y peor pago, como consecuencia de las decisiones estales, no la de las empresas. Pero de un día para el otro no recordaban las lecciones que, en el caso de algunos de ellos, me habían enseñado.

Otro se mostró preocupado porque pertenezco al mundo del pecado de los "open borders", del que él formaba parte hasta hace unos meses cuando el apelativo se convirtió en estigma. Un economista liberal austríaco, que creía que con fronteras abiertas quinientos millones de personas se podrían incorporar a cualquier país ¿Si? Le pregunté ¿A cualquier salario? ¿La demanda de inmigrantes no tiene límite? ¿La oferta de inmigrantes no altera su remuneración? O por ahí solo podía pensar en la inmigración como una decisión estatal. Los nativos, pensará, eligen cuantos hijos quieren tener y los gobiernos determinan, leyendo el oráculo, que por ejemplo, ahora "traemos" quinientos millones de inmigrantes, o uno. El mercado no tiene nada que ver, parece. La simple ecuación de que en toda transacción ganan las dos partes, por lo tanto un señor de otro país contratado en el mío, siempre es ganancia para ambos ya no le explicaba nada a este "austríaco". Si realmente fuera económicamente posible esa hipótesis, de la entrada de quinientos, mil o cincuenta mil millones de inmigrantes, pues tampoco sería un problema. Pero se parece mucho a la de los que creen que si abrimos la importación nos quedaríamos sin trabajo porque consumiríamos cosas importadas que todo el tiempo serían más baratas que las que produciríamos localmente, así que no encontraríamos qué hacer. Algo así como el paraíso, visto por la mentalidad perturbada de un socialista que cree que el valor está en trabajar porque sí.

No tienen razones, tienen miedo, como tienen todos

los socialistas que ven a la libertad como una amenaza latente para males infinitos y veneran a la autoridad, el dios de nuestro tiempo.

Donald Trump inauguró una "oficina de víctimas de la inmigración ilegal". Es decir todos los inmigrantes ilegales, cargan el estigma "estadístico" de ser potenciales criminales y hay víctimas que no lo son del robo o el homicidio de alguien sino de la inmigración ilegal. Claro, dirán los estadísticos, si según no sé qué estudio, los inmigrantes delinquen mucho más que los blanquitos. Aunque fuera cierto, que no lo es, el tratamiento que le da el presidente rubio, culto, tradicional, es tan colectivista como el de las nuevas feministas que atribuyen el golpe de un tipo a una mujer, a "los hombres", al "género masculino", incluso cuando casi todos nosotros lo repudiamos. Razonan igual los fascio-liberales, involucran a todos los del mismo agregado, nada más que planteando la existencia de "víctimas de los inmigrantes", igual que aquellas mujeres hablan de víctimas de los hombres. Lo cierto es que encima la estadística es falsa. Incluyen entre los crímenes de los inmigrantes ilegales (perdón que use "ilegal" tan mal, pero no quiero aclarar cada término, son ilegales como las religiones y los libros prohibidos) que señalaría a los inmigrantes como más propensos a cometer crímenes, a las propias violaciones migratorias. Si se saca eso, el resultado es al revés. La proporción de delitos de los "nativos" es el doble de la que corresponde a los inmigrantes ilegales, algo que publicó el Cato Institute. Por supuesto, esa estadística no les hará variar un milímetro su posición, porque que su racismo es anterior a cualquier medición.

Cada vez soy peor pensado. Pero la realidad es que los Thinks Tanks que nos encantaban en los 80, salvo excepciones, fueron convertidos en aparatos burocráticos dominados por una gerencia saca codos, especialista en hacer como que hace, formar una camarilla, un grupo de invitados a viajes y eventos, para informar a sus sponsors, que lo único que quieren es desgravar ganancias. Así que, si sus clientes se habían puesto de repente tan admiradores de Vladimir Putín (todo un tema aparte) y se habían despertado al problema de la izquierda con nacionalismo y xenofobia, ellos también viraban hacia allí ¿Qué hay que hacer para conservar el puesto? ¿Vestirse de payaso? Pues adelante. Entonces esa gente hace aceptables cosas que unos meses antes un montón de monigotes hubieran sostenido que eran despreciables y ahora las adoptan sin el más mínimo sentido crítico por haber sido así habilitadas por la jerarquía liberal. El likeador de Facebook, aspirante a ser invitado a cualquier cosa, descubrió un mundo nuevo, un liberalismo de chicos malos.

Digo esto con un inmenso dolor. No me gusta nada tener que hacerlo, me gusta menos que esté ocurriendo y me asusta hasta dónde puede llegar. Si diciéndolo se aviva alguna gente, me alegrará, pero me cuesta tanto como abrir una panza para sacar un apéndice infectado, no siendo cirujano. Sería una alegría, obtener un resultado, a compartir con poca gente, pero qué le vamos a hacer, es la historia de mi vida con la política, llena de malos entendidos.

Para resumir y no extender tanto este relato, que desgraciadamente tendrá que convertirse en libro en algún momento. Digo desgraciadamente porque antes me ganaba enemigos entre los de la vereda de enfrente y ahora los tendré entre los de éste lado, si es que existe, tal vez estuve siempre engañado o simplemente esté muriendo ante mis ojos. Digo, para acortar el cuento, ahora los que me decían que había un Trump libertario esperando llegar al poder para salir del closet, cuando seguimos comprobando que es el mismo personaje de la campaña, que hace de su muro su fetiche, esos libertarios me están queriendo decir que lo libertario de verdad, incluso lo verdaderamente anarco capitalista, es el muro en sí y un proteccionismo "selectivo", el nacionalismo ("hay que construir nación" me han dicho primitivos seguidores de Ayn Rand), el racismo, porque "las estadísticas" (ojo, son "serios", se manejan con estadísticas, como las que llevaban a la conclusión a Hitler de su conspiración judía) se los enseñan. Pero "no, no", me aclaran ¿cómo me atrevo a decir que son racistas por eso? ¿Dónde está la libertad de expresión? El que dice, me comentan con ánimo corrector, que es racista el que cree que se debe juzgar colectivamente a los individuos por su raza, "no respeta la libertad de expresión".

Cómo fue que se alejaron tanto del pensamiento liberal que no entienden cosas elementales, como es que existe derecho a decir idioteces, pero que las idioteces no se hacen verdades porque se las diga libremente. Para sostener el racismo hay que defender el racismo, no la libertad de expresión, porque como la libertad de expresión no tiene límite alguno, cualquier estupidez sería válida. Son esos "liberales" los que están poniendo de moda promover el desprecio a las minorías o la gente diferente, porque son así, dicen, muy libres de expresarse. Antes no lo hacían porque la izquierda mala los juzgaba (¿con su libertad de expresión?). Entonces se explican que el repudio a sus manifestaciones es un "ataque a la libertad de expresión" Es un pésimo escudo, el epítome del relativismo moral ¿Acaso es válido el marxismo porque exista la libertad de ser marxista? O en todo caso para qué me responden, ¿acaso no estoy opinando libremente sobre la aberración que están sosteniendo? ¡Respeten mi libertad de expresión!

En el mismo sentido argumental me han dicho que no puedo criticar el abierto racismo y xenofobia que predican ahora los que eran liberales, que antes toleraban a Trump porque era un medio para parar a la representante del diablo y ahora lo adoran sin pudor, tal vez la mayoría, no lo sé. Incluso me hicieron un argumento aparentemente randiano: los juicios morales son indispensables, si son privados no hay ningún problema. Como si Ayn Rand hubiera predicado el relativismo moral personal, según el cual todo juicio privado es válido, justo lo contrario a lo que decía ¿verdad?

Hitler y su banda empezaron con juicios privados, porque no tenían el poder. Claro, Hitler podría haberse mantenido sin hacer de su moral "privada" (¿randiana?) un fundamento para el uso de la fuerza, privada o estatal. Contra el sentido común puedo imaginar que algo así podría haber pasado, total, la imaginación sí que es libre en ese sentido. Pero señores ¿ustedes realmente creen que lo malo de Hitler es sólo a dónde llegó y no de donde partió, su fundamento moral, político y filosófico? ¿Qué era Hitler en el año 32? ¿Un objetivista "paleo"?

Uno me dijo que, inclusive sin estado, las "comunidades" seguramente excluirían a gente de otras "culturas", porque seguro sin estado no viviríamos aislados como individuos como piensan los liberales ingenuos, extremistas, abstractos. La misma visión que todo socialista tiene del liberalismo, que es que no creemos en la sociedad. Ellos son los que no creen en la sociedad y esperan por eso construirla con el uso de la fuerza, es al revés. Lo que llamamos mercado es una sociedad, sin autoridad política. Pero la sociedad liberal, máxime sin estado, respeta la libertad de los individuos de intercambiar con cualquiera. Una "comunidad" que impide a sus individuos hacer acuerdos individuales por fuera de la comunidad, venderle su propiedad a un extranjero, dejarlo entrar a su almacén, no es ni una sociedad libre, ni una sociedad sin estado, es un comunismo. El estado no tiene que llamarse estado para serlo. Basta con que la libertad de los individuos sea transferida a una "comunidad".

Lo que pasa, me advirtieron, es que no entendés que Hayek dijo que el concepto de libertad se desarrolló en "una cultura". Esta fue una de las cosas más graciosas. La conclusión a la que llegaba mi interlocutor de lo dicho por Hayek era que había que restringir la libertad para preservar la cultura en la que se desarrolló la libertad y, todo eso, para proteger a la libertad. Esa palabra "cultura", como la usan, es cualquier cosa. Si pensamos que lo bueno de una "cultura" es su libertad, pues entonces hay que proteger a la libertad de la degradación de esa "cultura" que se la quiere llevar puesta.

"Bueno, bueno, no compares con Hitler, no exageres". Les aseguro que no lo hago, también me han dicho que "Mein Kampf estaba equivocado porque Hitler identificó a los judíos como los enemigos, cuando en realidad eran los banqueros. Es cierto, los banqueros eran judíos, pero…"

Hitler, se ve, era un objetivista desviado, como ellos. Todo eso se dice en nombre de entender bien a Ayn Rand y dejar ese "liberalismo ingenuo, abstracto, fanático, que se niega a cambiar". "Cambio" era el emblema vacío de la Revolución Cultural de Mao. Tampoco me voy a desviar con esta cuestión.

"Mi cultura" es mi aislamiento. Los idiomas particulares son producto de la lejanía de la gente, no un valor de los individuos que lo usan. Son códigos de comunicación, así como la forma de vestir, organizarse, percibir la familia. Son el devenir de una evolución que ha ido encontrando sus mejores opciones, las más aceptadas al menos, dentro de lo conocido. Las diferencias no se desarrollan por un espíritu de identificación sino por una limitación en los intercambios. No existe tal cosa como una contaminación cultural, porque en primer lugar no existe una pureza cultural. Son los individuos y sus intercambios los que hacen pequeñas modificaciones. El gusto por los asados, generalizado entre los argentinos, empieza en acciones individuales que se generalizan y puede que desaparezca en el futuro por el auge del sushi en las nuevas generaciones. La mayoría de las comodidades con las que contamos son producto de la cultura universal.

El mercado desarrolla por igual a Estados Unidos, a la Argentina de hace un siglo y a Singapur. El contacto con otras culturas, hasta con otras provincias de nuestro propio país, nos hace ver nuestras limitaciones. El contacto con otro, eso a lo que llaman "nuestra cultura", es el intercambio y el producto de ese intercambio con la "cultura" de otros individuos. Toda la idea del manejo de la sociedad a través de una visión común cultural, protegida por medidas políticas, es decir con el uso de la fuerza, es estúpida y totalitaria ¿Qué hacemos con los "disidentes" culturales como yo, que pretendo enriquecerme en contacto con quién yo quiera? ¿Quién tiene la autoridad para decir qué cosa es propia de la cultura y qué es extraño? ¿De dónde sacan que en el intercambio libre de las personas hay que preocuparse de otra cosa que de que tengan la libertad de seguir su interés? Respeten la realidad, el liberalismo no tiene nada que ver con eso.

Les cuento algo que ustedes no sabían porque son tan abstractos y fanáticos como yo, pero parece que los que nos convencían de que era una idiotez llamar a Trump racista o identificarlo con el alt-right (alt-wrong en mi interpretación), porque esos eran unos marginales que nada tienen que ver con el pobre nuevo presidente (tan incomprendido, pobrecito), ya nos blanquean que ellos son los alt-right. No teníamos razón en asociar a Trump con el alt-wrong, ahora no tenemos razón en estar contra el alt-wrong en sí.

Nos informan, en nombre del verdadero liberalismo cosas como que "las estadísticas dicen que los negros cometen más crímenes". No son ellos los que lo dicen, ojo, son las estadísticas. Eso lo tenían explicado al principio de la Acción Humana por el propio Mises. Los individuos son los que generan acciones. Los agregados son criterios analíticos. Los agregados no tienen propósito, ni voluntad, ni responsabilidad. No se le puede atribuir a los individuos características de un agregado que los incluya. Hablan de ciencia, pero no conocen la diferencia entre causa, efecto y correlación. Alguno de ellos recurrió a Thomas Sowell para sustentar su xenofobia y es cierto que Sowell tiene una posición conservadora en la materia (dejo para otro artículo la diferencia abismal entre conservadurismo y fascismo, una ética, esta última, de los más bajos fondos que empieza por despreciar a los conservadores, más que a los liberales), pero él también les podría haber explicado como nadie la diferencia entre correlación y causa. Una cosa es no ser tan liberal como yo de creer en la libertad migratoria total y otra sostener la pureza racial o nacional como criterio para restringirla. El racismo consiste en medir así, en el interrogante, no en el resultado. Si alguien mide cómo delinquen los ingenieros, su propósito es maléfico e irracional de entrada. La difusión de esa estadística tiene el propósito de generar malestar con los ingenieros.

De cualquier manera tampoco usan bien las estadísticas. Uno me dijo que el 25% de los musulmanes en no sé qué país piensan que la ley del Corán tenía que ser impuesta como ley general. Es genial porque ahí la traslación estadística se hacía a pesar de que un 75% del agregado no respondía a la hipótesis contenida en la pregunta, pero para este señor esa minoría del 25% era la que la confirmaba y listo. Por supuesto este procedimiento es inválido aunque el resultado diera al revés. Si uno pregunta en "occidente" si los ricos tendrían que repartir su riqueza, si el estado tendría que castigar a los que ganan mucho o proveer educación, vivienda, vestido, si Messi debería ganar como un maestro, contestarán en un porcentaje mucho mayor a la mayoría absoluta de un modo incivilizado. Los mexicanos hasta donde yo sabía eran parte de occidente ¿verdad? Cómo es que están protegiendo la cultura occidental de Estados Unidos de la cultura occidental (y mucho más cristiana tal vez) de los mexicanos que "invaden" el país. Que nos aclaren bien los límites de occidente, así sabemos qué himno cantar.

Estos nacionalistas liberales son bien raros, porque son fanáticos del nacionalismo de otro país, que de ninguna manera los incluye. Ellos serían tan tratados como infección como la gente igual a ellos "estadísticamente" que corren peligro de ser deportados.

Me dijeron también que el nacionalismo era "natural". Es como esa segunda naturaleza de la que hablaba Hegel. El "naturalismo moral" es todo un tema, pero lo cierto es que la nación es un concepto moderno post-revolucionario, de lo que hablan es de estado. El nacionalismo es el sentimiento asociado al estado y sus símbolos, como el estatismo en modo telenovela. El patriotismo, en su sentido primitivo, no en el actual, tenía que ver con el terruño particular, que podía pasar de pertenecer a un reino o a otro sin alterar la vida de sus habitantes. Ese terruño no era una colectividad política cuidándose de "otras culturas", era un afecto privado, un vínculo afectivo, no una colectivización, no un motivo para excluir y agredir a gente distinta. Y así como puede esperarse el comportamiento tribal y agresivo con el distinto muchas veces, la civilización de la que se jactan implica dejar el comportamiento tribal que ahora reivindican sólo por "propio". Pero es lógico que a eso lo asocien con cultura, porque para estar a la altura moral y cívica, digamos, de una tribu salvaje y darle a eso valor, la palabra cultura tiene que ser vulgarizada al nivel de un troglodita "nativo". Todo es cultura y la cultura no implica valor moral, ni civilización por sí misma. No es de asombrase este tipo de anti conceptos, porque los nacionalistas siempre son los tipos más cavernícolas y brutos, que sólo se movilizan por sentimientos hostiles y complicidades grupales. Son esos los que quieren preservar la "cultura". Ellos son de la misma "cultura" que yo y la verdad que no me siento nada cómodo con esa asociación.

La cultura también es un agregado, no es un proyecto político ni se desarrolla en aislamiento. No requiere preservación porque la preservación siempre, absolutamente siempre, implica el disciplinamiento y sometimiento de los individuos que la "componen". Cuando un extranjero ingresa en un territorio, por más que use las calles públicas, es para hacer contratos privados, salvo que sean contratados por el estado. El nacionalismo y el proteccionismo son guerras internas, contra fantasmas externos, para ejercer dominio contra los miembros de la propia "tribu".

Ya escribí también sobre la falacia de Friedman acerca de que hay que restringir la inmigración por el estado de bienestar. Una tontería realmente, tanto que estos liberales fascistas parecen felices con el estado de bienestar que les permite deshacerse de los extranjeros. Casi lo encuentran más útil que los propios socialdemócratas.

En Europa uno de los argumentos para abrir la inmigración es justamente la baja tasa de natalidad, así que el estado de bienestar necesita gente de otros países, tanto como la supuesta nueva industrialización de Estados Unidos. Si fueran verdaderos liberales y no estatistas emocionales, usarían ese argumento contra el estado de bienestar, no contra la libertad.

¿Hay compatibilidad entre el nacionalismo y el liberalismo? Ni la más mínima, ni la más remota. Pero ¿cómo? me dijeron, si los liberales clásicos hicieron naciones. El problema del liberalismo clásico no voy a analizarlo acá, pero sí ese argumento. Los liberales clásicos teorizaron sobre la base de los estados nacionales, no hicieron nacionalismo. Hablaban de cómo limitar al estado y ese estado era nacional. Limitar al estado, en ese sentido, es exactamente lo mismo que limitar al nacionalismo.

El nacionalismo es un subproducto de la izquierda revolucionaria francesa, intentando justificar el ejercicio de la coacción estatal en otra cosa que no sea la herencia monárquica ¿Por qué hay gobierno si no hay rey? Bueno, concluyeron, porque somos un todo, el "pueblo" es un ente abstracto llamado nación. Por lo tanto, será en nombre de una entelequia llamada nación, que, entre otras cosas, cumplía el papel de limitar el concepto de "pueblo" geográficamente, que habrá un país. El nacionalismo es el culto a ese "nosotros" político y a sus símbolos como una religión de empleado público mental, con hostilidad hacia los de afuera y siempre para vestir de heroico al nacionalismo y cazar "traidores" internos ¿Tengo que explicar lo imbécil que es el nacionalismo internacional? Los liberales de otros países, digo los liberales nazis que es esta nueva ola, tendrían que ser tratados como nuestros enemigos y un peligro para nuestra cultura, pero hay una amplia solidaridad entre ellos de todos los países, se juntan para "trolear" todo liberalismo no purificado por el espíritu justiciero del hiper-culto Trump.

El nacionalismo no ha cometido la cantidad de crímenes que ha causado el marxismo (occidentalísimos ambos), pero puede alcanzar niveles mucho más despreciables incluso. Los marxistas, de un modo equivocado y hasta el hartazgo refutado, intentan llevar adelante una idea de justicia. Los nacionalistas son la exacerbación de la complicidad como moral, sin preocupación alguna por la justicia como valor. El liberalismo, en cambio, podría ser descripto como una teoría de la justicia.

Escuché a alguien decir cuando Donald Trump dijo que haría su muro y se lo haría pagar a México, o que apresaría a la señora Clinton, había experimentado un placer erótico. La excitación de este hombre (hombre, rubio, pero hispano, identificándose con otra "raza" y "cultura" que la suya, lo que probaba que los individuos no se comportan racialmente, salvo los racistas) con Trump, podría decirse que era de naturaleza homosexual, algo que ya es sinónimo de "marxismo cultural" entre la comunidad masturbatoria del nuevo "verdadero" liberalismo.

@josebenegas

www.ingramcontent.com/pod-product-compliance
Lightning Source LLC
Chambersburg PA
CBHW061637250726
48659CB00004B/1263